素描于右任

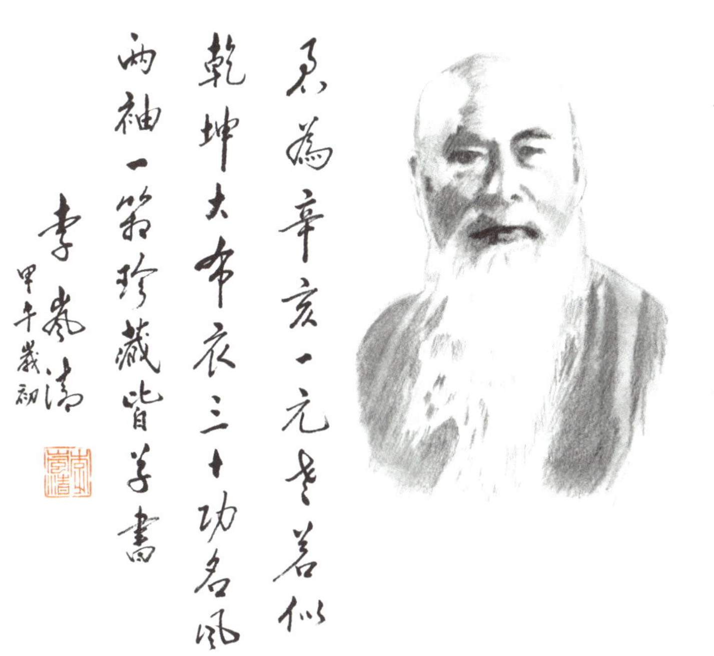

“百年巨匠”素描 / 李岚清 绘

《百年巨匠》编委会

总 顾 问：蔡　武　胡振民　龚心瀚　王文章

顾　　问：王明明　沈　鹏　吕章申　苏士澍

尚长荣　濮存昕　傅庚辰　莫　言

主　　任：张自成

编　　委：张广然　何　洪　周　成

主　　编：刘铁巍

编 辑 组：张　玮　孙　霞　许海意　张晓曦

王　媛　张朔婷　陈博洋

百年巨匠

Century Masters

于右任

祁硕森◎著

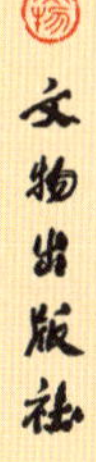

文物出版社

图书在版编目（CIP）数据

于右任 / 祁硕森著. -- 北京 ：文物出版社，2019.5
(2021.12重印)
（百年巨匠）
ISBN 978-7-5010-6125-9

Ⅰ. ①于… Ⅱ. ①祁… Ⅲ. ①于右任（1879–1964）
–传记 Ⅳ. ①K827.7

中国版本图书馆CIP数据核字(2019)第072379号

百年巨匠·于右任

著　　者　祁硕森

总 策 划　刘铁巍　杨京岛
责任编辑　张朔婷
封面设计　子　旃
责任印制　张道奇
责任校对　李　薇　陈　婧

出版发行　文物出版社
社　　址　北京市东城区东直门内北小街2号楼
邮　　编　100007
网　　址　http://www.wenwu.com
制版印刷　天津图文方嘉印刷有限公司
经　　销　新华书店
开　　本　710×1000　1/16
印　　张　13.75
版　　次　2019年5月第1版
印　　次　2021年12月第3次印刷
书　　号　ISBN 978-7-5010-6125-9
定　　价　49.80元

本书版权独家所有，非经授权，不得复制翻印

宣传巨匠推广大师 为时代树立标杆

蔡武

文化部原部长 《百年巨匠》总顾问

文化精品创作工程包括重大出版工程、影视精品工程。《百年巨匠》就是跨界融合的一个重大文化工程，它深具创意，立意高远，选题准确、全面，极富特色，内容精彩纷呈，内涵博大精深，基本涵盖了我国20世纪这一特定历史时期在文学艺术方面的成就及其代表人物。它讲述的不仅仅是各位巨匠的传奇人生，更是他们的文学艺术成就同民族、国家，同历史、文化，同当代世界，同20世纪风云激荡的年代，以及同人民的命运都是紧密相连的。他们的成就对整个社会产生了重要而深远的影响。因此，立足21世纪的当今，系统全面科学解读巨匠人生与大师艺术，有着特殊而积极的意义，是社会和时代的要求。

作为一个有影响力的文化品牌，《百年巨匠》的表现形式也是多样的。《百年巨匠》丛书和纪录片互动互补，是出版界与影视界的跨界合作与融合发展，形成了叠加影响和联动效应，进一步丰富和扩大了品牌的内涵和外延。在信息社会“四屏”时代，用这样的一种方式来表达重大深刻的主题，具有重大的创新意义，是对中华优秀文化传承发展进行创造性转化、创新性发展的成功探索。体现出强烈的历史感、时代性、民族性，具有鲜明的中国特色，必将产生深远的影响。

一个民族自立于世界民族之林，离不开民族的自信心与自尊心。而民族的自信心和自尊心有其思想基础和人文轨迹，即对民族文化的重要代表人物和优秀传统应当有比较全面的了解并进行广泛传播。一个国家的历史需要记录，文化艺术同样如此。《百年巨匠》丛书秉承文献性、真实性、生动性原则，客观还原大师原貌，以更为宏阔的历史维度对大师们所经历的时代给予不同视角的再现和解读，为读者开启一扇连接20世纪中国近现代文化艺术史的大门。

巨匠们的艺术成就、人生经历、精神高度，彰显了中华民族文化在这个时代所能达到的高度，不仅有文学艺术上和文化史上的价值，而且有人文思想美学上的划时代性贡献。《百年巨匠》可以增强我们的文化自信和实现中华民族伟大复兴的意志。

《百年巨匠》还有一个重要意义，它能够激励我们后来人砥砺奋进，勇攀高峰。这些文化艺术巨匠有着深厚的爱国情怀和强烈的民族责任感，他们将个人荣辱兴衰与国家、民族命运联系起来，用文化艺术去改变现实，实现理想。在新旧道德剧烈冲撞中，他们所表现出来的高风亮节是后来人的楷模。他们所传导出的强大正能量，会激励一代又一代广大读者，对促进我们整个民族新一代的教育与成长，有着非常重要的启迪意义。他们的精神是引领和鼓舞我们再出发的航标与风帆。

《百年巨匠》也给了我们很多的启示，可以帮助我们回答和破解“钱学森之问”。20世纪产生了那么多的大师，新世纪、新时期我们应该如何助推产生出新的大师？这些巨匠的成长轨迹给我们揭示了大师们成长的规律，如要深具家国情怀，要胸怀高远理想；要深深扎根于人民，与人民同呼吸共命运；既继承民族优秀传统文化，又要勇于创新；并以非常包容的心态去拥抱一切文明成果等。

《百年巨匠》仅反映了20世纪百年的文化形态和人文生态，我们应该把这个事业延续下去，面向21世纪。对艺术大师的发掘是通过他们的作品来体现的，而他们的作品既是中华文化的传承，又进一步丰富、创新了中华文化的构成。从这个意义上讲，宣传这些艺术巨匠就是弘扬中华文化。这些艺术巨匠作为中国名片，拥有较强的国际影响力，这一工程的推进，可以有效推动中华文化和中国出版走出去。不仅仅局限于艺术领域，还可以从广度上、外延上扩大至整个文化领域，甚至把科技、教育等领域的巨匠们也挖掘展示出来。

一个国家文化事业的繁荣与发展，既需要广大艺术家的努力，也需要大师巨匠的引领。宣传巨匠，推广大师，为时代树立标杆，无疑是我们责无旁贷的历史责任。巨匠之所以是巨匠，大师之所以能成为大师，是因为他们以具有强烈时代感和创新精神的作品站在了巅峰。而他们巨作的背后，是令人钦佩的工匠精神，这种工匠精神的发掘和弘扬在当下具有重要的现实意义。同时，这百年的文学艺术史已有的众多成果，从学术上也要系统总结。而长期以来一直困扰我们的一大难题，就是如何把这些重要的学术研究成果进行转化和再创造，使之成为可被大众接受、雅俗共赏的精品佳作。从这个意义上讲，《百年巨匠》丛书的出版也是非常值得赞许的。

当前，我们的文化艺术事业虽然取得了长足的进步，但是相对于时代的重任，人民的厚望，尚有作品趋势跟风、原创性匮乏、模仿严重等问题，希冀大家在《百年巨匠》作品中得到更多的启迪和感悟。

我们国家正处在重要的历史时期，为我们文艺创作提供了丰沃的土壤和广阔的空间。中华民族的伟大复兴，呼唤一切有为的文艺工作者，为繁荣中国特色社会主义文化、建设社会主义文化强国，奉献毕生的才华和创作热情，将高度的社会责任感和历史使命感化作文艺创作的巨大动力，创作出无愧于时代、无愧于祖国和人民的优秀文艺作品，让我们这个时代的文艺创作异彩纷呈，光耀世界。

引　言

三秦大地百里之阔、广袤无涯，环绕多彩的大秦岭，翠绿叠嶂的迷雾，也挡不住她的神韵之美。华岳更是以雄奇著称天下，登山远望，如同空中遨游的神仙。八水长安，华胥古都，天之宝气凝聚成物的光华，灵秀之地蕴含出卓越的人才。

作为中华民族的发祥地，拥有着深厚文化底蕴的陕西，中国最为辉煌的周、秦、汉、唐等十三个王朝曾在这里建都，又是司马迁、白居易、苏武、柳公权、张载等众多杰出历史人物的桑梓之地。宋代理学家朱熹言："秦之俗，大抵尚气概，先勇力，忘生轻死……雍州土厚水深，其民厚重质直，无郑卫娇情，浮靡之习。以善导之，则易于兴起，而笃于仁义；以勇驱之，则其强毅果敌之资，亦是以强兵力农而成富强之业。"一代圣哲王阳明言："关中自古多豪杰，其忠信沉毅之质，明达英伟之器，四方人士，吾见亦多矣，未有如关中之盛者也。"在这块茫原大地上不知书写了多少春秋故事，又谱写了多少动人心魄的历史华章。

北宋是中国君主专制社会历史中一个特别鲜明的朝代，其思想及学术比其他时代相对自由了许多，故儒、道、佛三家的发展和研究都达到了一个崭新的高度。

北宋时期思想家、教育家、理学创始人之一张载，谥号横渠先生，宋真宗天禧四年（1020年）生于长安（今陕西西安市）。

他青年时喜论兵法，上陈《边议九条》。交好范仲淹，研读儒家《六经》。进士及第，拜祁州司法参军，授云岩县令，迁著作佐郎、崇文院校书郎。后辞官归家，讲学于关中，建立学派称为“关学”。“为天地立心，为生民立命，为往圣继绝学，为万世开太平”是关学的思想精髓，被当代哲学家冯友兰称作“横渠四句”，其言简意赅，历代传承不衰，对近现代三秦士子的人生观、价值观等产生了十分重要的影响。

19 世纪末叶的近代，关陇大地在历经天灾人祸、朝廷腐败、内忧外患之后，朝代的变迁、多波折磨难。于右任带着人之初的第一声啼哭降临世间，从一个两岁遗孤、农家子弟，青年时期即被誉为博古通今的“西北奇才”，日后更成为仙风道骨之貌、巍然耸立之躯的近代民主革命元勋，声名远播的教育家、著名报人、民族诗人和一代书坛巨匠。

先生的一生可谓是命运多舛。然而，也正是这种多舛的命运培养了他的坚韧不拔，刚毅隐忍，智深勇沉的性格。对他的人生起到了积极的推动作用。也印证了《孟子·告子下》中的名句，“故天将降大任于斯人也，必先苦其心志，劳其筋骨，饿其体肤，空乏其身，行拂乱其所为，所以动心忍性，曾益其所不能。”

目　录

第一章　家　世　/ 1

生于忧患　/ 2

伯母抚孤　/ 9

第二章　心　志　/ 17

名师开蒙　/ 18

名震西北　/ 26

大儒启沃　/ 34

踏上征途　/ 41

第三章　教　育　/ 47

复旦孝子　/ 48

筹办公学　/ 56

上大校长　/ 58

力农西北　/ 67

创办民治　/ 74

第四章　报　业　/ 77

唤起神州　/ 78

为民而呼 / 85
继之民吁 / 90
民立民主 / 95

第五章 军 政 / 101
入同盟会 / 102
统靖国军 / 105
西安解围 / 117
主政陕西 / 125
监察之父 / 132
太平老人 / 140

第六章 诗 赋 / 143
以诗言志 / 144
家国情怀 / 154
歌呼圣战 / 168
吟望中原 / 173

第七章 文 物 / 179
鸳鸯七志 / 180
熹平石经 / 185

第八章　书　法 / 187
书法成就 / 188
标准草书 / 197

参考书目 / 204

第一章 家世

于右任成为近代史上一位思想文化的巨人，与一位伟大女性有着十分重要的关系，这位女性就是最早开始抚育与培养他，人称『九姑娘』的伯母房太夫人。她厚道、真诚、纯朴、善良，『受人之托，忠人之事』，使两岁便成为孤儿的于右任在人生幼年成长的关键时期不但没有失学，而且得到良好的抚养，并接受了当时关中地区最好的教育。如古之『断机杼』的孟母、背刺『精忠报国』的岳母，表现出『性其义尽，所以仁至』『而今而后，庶几无愧』的高尚品德。

生于忧患

1879年4月11日，于右任出生于陕西三原东关河道巷，因为他是午后四时左右诞生的，属于申时，所以父母给他取乳名叫“申生”。他的学名叫“伯循”，字诱人，取《论语·子罕》“夫子循循然善诱人”之意。后改字佑任、又作右任，右任之广传，也就取代了本名。

关于于家在斗口村的始迁历史，于右任在《怀恩记》中说：

> 我的故乡是陕西泾阳斗口村，所谓斗口，就是白公渠——今之泾惠渠——分水的一个口子。那时水量很少，农田灌溉，甚为困难；这个支渠，虽灌溉地甚少，得之已不容易。我于家的始迁祖，已不能深考，但住此必有很久的年代，所以乡人称为斗口于家。三原县北之白鹿原去斗口村约四十里，有一土垢，唐高祖献陵也；陪葬者三十余人。碑估售之市，有献陵八种，即濮阳令于孝显，燕国公于志宁，明堂令于大猷，兖州都督于志徽，共计于氏四碑李氏臧氏各二碑，我小时并不知此，靖国军时，三原学者问我与此碑的关系，我答先人无任何传说。于姓本来不繁，在清朝中叶，尚有五家，回乱后只剩三家。我生在三原东关河道巷，又在三原读书应试，因此就著籍为三原人了。我们一家共三房，先伯祖象星公生大伯父宝善公为大房，先祖峻堂公生先二伯父汉卿公宝铭，先严新三公宝文，为二房和三房。先二伯父配房太夫人。我的母亲是赵太夫人。

太平天国是清朝后期的一次由农民起义创建的农民政权，也是中国历史上最大规模的农民战争。当时腐败的封建统治和沉重的剥削，导致阶级矛盾的激化。鸦片战争以后，清政府为支付战争赔款，更加紧搜刮民脂民膏，统治更加腐败，贪官污吏，土豪劣绅也乘机勒索百姓，使不堪忍受煎熬的劳苦大众纷纷起义，但终因寡不敌众，被清政府军队镇压下去。

秦岭山脉

三原县东关河道巷

历史的演变总是惊人的相似，郑板桥所写五言古诗《逃荒行》真实地描写出当时潍县灾情的严重性及其给百姓带来的痛苦：

十日卖一儿，五日卖一妇。来日剩一身，茫茫即长路。
长路迂以远，关山杂豺虎。天荒虎不饥，盱人饲岩阻。
豺狼白昼出，诸村乱击鼓。嗟予皮发焦，骨断折腰膂。
见人目先瞪，得食咽反吐。不堪充虎饿，虎亦弃不取。
道旁见遗婴，怜拾置担釜。卖尽自家儿，反为他人抚。
路妇有同伴，怜而与之乳。咽咽怀中声，咿咿口中语。
似欲呼爷娘，言笑令人楚。

于右任的外祖父是甘肃静宁县人，姓赵。西北回民起义失败以后，家乡备受涂炭、尽成赤地，使本来就不富裕的赵家沦为赤贫。由于当地实在难以过活下来，如果再不弃家逃荒乞食，恐怕自己和两个孩子都被饿死，于是他携儿带女，加入了逃荒大军，奔陕逃难。对这一段逃荒之事于右任在《牧羊儿自述》中记述说："……先母的一切，全不知道，只记得后来伯母说：'陕乱平后，汝外祖由甘肃静宁县逃荒东来，手携汝母，背负汝舅，至邠州长武间，力竭食尽，又因汝母足痛不能行，恐牵连大家饿死，不得已弃之于山谷中，行数十里矣，骆驼商人见而怜之，载以行，追及汝外祖，赠以资而还其女。'"在那样的穷苦困境的年代里，基层善良的劳动人民总是极具有同情心的。骆驼商贩们也是迫于生计而长途跋涉，以谋生存。一路上有因兵匪洗劫而死于非命的，有因贪官污吏的搜刮而死于刑罚的，有因土豪劣绅的欺诈而死于当地的，也有因自然灾害而死于沟壑的。当他们看到一个饥寒交迫、孤苦伶仃的弱女被遗弃在这荒山野谷之中，顿时起了怜悯之心，给她吃喝，并将她扶上骆驼追赶数十里，在第二天追上她的父亲和弟弟，使他们父女得以重聚。

后来，他们终于走出了饥饿的沟壑荒原，来到泾阳县泾河以北的庄头村落脚。但这里也是日益凋敝的西北农村，虽然比甘肃那边好一些，但到处都是一样的穷困和荒寒。

于右任的外祖父靠拉长工、打短工、当麦客、运木炭等方式谋生，受尽了说不完的人间苦楚，终于把一双儿女拉扯成人。这个女孩，也就是于右任的生身母亲，在她 20 岁这年经媒妁之言，嫁给了在三原县城当店员的于新三。被背在背篓里的幼子，就是于右任的舅父赵思恭，因幼年时长期营养不良，加上在逃荒路上一直在背篓里，甚少下地活动，身体发育受到严重的影响，竟成了个跛子，落下残疾，遗憾终身。

1878年，清朝统治者屡次用兵镇压陕甘的回汉人民起义军，不但水利设施遭到破坏，更是天灾人祸不绝，使苦难大众无以生计。从于右任祖父一辈起，就背井离乡、外出谋生，后来于家迁居三原。其实，于家不是三原城的老户人家，而是世居于泾阳县的斗口村，所以附近村民都称其斗口于家。于新三的始迁祖，何时定居斗口村，现已无从稽考。三原史称“甲邑”，古称“池阳”，位于陕西关中平原中部，因境内有孟候原、丰原、白鹿原而得名。三原为古京畿之地，自北魏太平真君七年（446年）置县，已有1560多年的历史，素有“衣食京师、亿万之口”的美誉。自秦汉以来，它是郑、白两渠的主要受益之地，一直被视为关中“壮县”，但自清咸丰之后，兵乱和天灾延绵不断，使三原这样的“壮县”也是苦不堪言。老百姓为了生存，纷纷逃难。于右任的父亲于新三也是逃难者之一，他在村私塾只读了两年书，因家境日渐窘苦，遂在他12岁那年（1866年），就跟随兄长于宝铭以及乡里亲友徒步入川谋生。

于右任先生父亲新三公画像

他入蜀地九年间，先是到顺庆（今四川南充）当铺里做学徒，后来又转至岳池刘子经的当铺，当铺的掌柜是马芰洲，字丕成，是名儒马谿田的后代。提起这位马谿田老先生，还得略微介绍一下宋明理学。所谓宋明理学：即为两宋

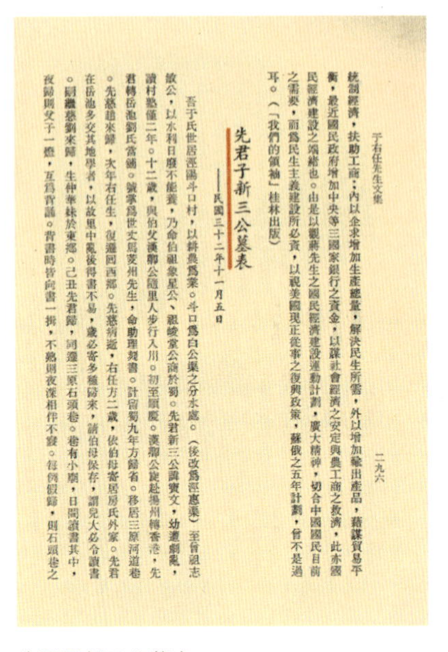
于右任先生文集　二九六

統制經濟，扶助工商；內以企求增加生產總量，解決民生所需，外以增加輸出產品，藉謀貿易平衡，最近國民政府增加中央等三國家銀行之資金，以謀社會經濟之安定與農工商之救濟，此亦國民經濟建設之端緒也。由是以觀蔣先生之國民經濟建設運動計劃，廣大精神，切合中國國民目前之需要，而爲民生主義建設所必資，以視美國現正從事之復興政策，蘇俄之五年計劃，曾不是過耳。（「我們的領袖」桂林出版）

先君子新三公墓表

——民國三十二年十一月五日

吾于氏世居涇陽斗口村，以耕農爲業。斗口爲白公渠之分水處。（後改爲涇惠渠）至曾祖志敏公，以水利日廢不能養，乃命伯祖象星公、祖峻堂公商於蜀。先君新三公諱寶文，幼遭劇亂，讀村塾僅二年。十二歲，與伯父漢卿公隨里人步行入川。初至順慶。漢卿公旋赴揚州轉香港，先君轉岳池劉氏當舖。號掌爲世丈馬雯州先生，命助理契書。計留蜀九年方歸省。移居三原河道巷。先慈趙來歸，次年右任生，復遷回西鄉。先慈病逝，右任方二歲，依伯母寄居房氏外家。先君在岳池多交其地學者，以故里中亂後得書不易，歲必寄多種歸來，請伯母保存，謂兒大必令讀書。繼慈劉來歸，生仲華妹於東鄉。己丑先君歸，同還三原石頭巷。巷有小廟，日間讀書其中，夜歸則父子一燈，互爲背誦。背書時皆向書一揖，不熟則夜深相伴不寢。每例假歸，則石頭巷之

先君子新三公墓表

至明代的儒学。虽然是儒学，但同时借鉴了道家、玄学甚至是道教和佛学的思想。宋明时期儒学的发展是儒、释、道三教长期争论和融合的果实，也是春秋战国和汉代这一历史时期所形成的儒学在新的历史条件下思想体系的完善过程。宋明理学又称宋明道学，它既包括宋代的程朱理学，也包括宋明两代的陆王心学。代表人物有北宋：周敦颐、张载、程颢、程颐、邵雍（即北宋五子）；南宋：朱熹、陆九渊；明代：王阳明。就主导思潮而言，理学代表人物可概括为“程朱陆王”，对中国社会政治、文化教育以及伦理道德都产生了深远影响。

清末陕西学派和思想受到关中学派的影响最多，关学在宋儒诸派中，渐成一体，独树一帜。“关学”由张载创立，以其弟子及南宋、元、明、清诸代传承者人士为主体。张载一生大部分时间和精力用于著书立说，教书育人。他继承和发挥了孔子教育思想，教学方式及学术传播以关中为基地，以德育人，使学者辈出，关中民风为之一变。张载之后，代有传人，如马谿田、李二曲等，都是继承和传扬关中学派的佼佼者。其这一时期陕西关学的代表人物如刘古愚、朱佛光、贺复斋、牛兆濂等人。李二曲的“自奋自立，超然于高明广大之域”也曾是少年于右任奋发图强的座右铭，可见关中学派对青少年的影响之深了。

马芰洲也是三原人，又因其祖先是明代大儒，故颇为自豪，他平日喜刻先代遗书，因店务烦琐缠身，时刻时辍，成书较慢。他见于新三聪颖好学，又略识文墨，故命其助理刻书。鸡鸣即起，夜半犹忙，不知燕子几度回归，这种刻书生活一晃就是九年光景。等回到斗口村故里时，于新三已是二十多岁的小伙子了，而这时斗口老屋因兵乱被毁，没有安身之地的他，只好在三原城里寻求生计。至 1878 年，于新三 25 岁时，也到了成家的年龄，在家人和亲友的不断敦促下，与从甘肃逃荒来的赵家姑娘结了婚。婚后的几个月，虽说日月也艰苦，但小两口相亲相爱、粗衣淡食、苦中倒也有着不少甜蜜。可是上天并未曾眷顾这甘苦相依的新婚夫妻，终因家境困难，于新三不得不离开新婚的妻子重新去四川谋生。按当时学徒例规，每工满三年，才可返乡探亲一次。于新三这一去便成了与新婚妻子的永诀！

第二年，于右任诞生，赵氏临盆时，多亏嫂嫂房氏的多方照顾，才总算母子平安。但她却一直虚弱多病，不知是远在四川的丈夫牵走了她的情思，还是那使人每每想起就心惊肉跳的逃荒路上的伤痛，终日里神思恍惚，心绪不宁的样子。

于右任在《牧羊儿自述》中记述说："当先母逝世前的半月，伯母适归宁母家，夜梦迷离风雨中，墙头有妇人携一儿，重泪相招，心知其事不祥。及归，先母病已剧，泣谓伯母曰：'此子今委嫂矣，我与嫂今生先后，来世当为弟妹妻子以还报耳。'"房氏顿时热泪盈眶，对气息奄奄的赵氏说："今世咱们妯娌相处一场，我一定要把伯循抚养成人。"话刚落，赵氏就撒手人寰了。这位多灾多难的青年妇女，虽然熬过了饿殍横陈的灾荒之年，却无法熬过这漫无尽头的艰辛生活，在这个世界上，她只活了 23 岁。

1881 年，于右任的母亲去世时，他尚不满三岁，对母亲几乎没有任何印象。对母亲的一切，更是“全不知道”，他在《怀恩记》中曾记述，只记得伯母对他说：“汝母面方而敦厚，与心如一，那是我最不能忘记的。”虽然如此，他对母亲的感怀却从未减少过。

1929 年，陕西发生大灾荒，赤地千里，于右任为救灾返回故乡时，曾特地到陕西泾阳斗口村扫墓祭祀，写《斗口村扫墓杂诗》六首，其中第一首就是献给他母亲的，曰：

水环三面白功渠，垂老重来省故居。

犹记阿娘哭阿母，报儿今岁读何书。

1941 年于右任任民国政府监察院院长时，曾专赴青海、甘肃考察还特地前往母亲的老家甘肃静宁县“追根溯源”，在途中特地绕道长武，凭吊母亲逃荒时被外祖父遗弃之地。

在任监察院院长期间，他对没有文化的跛子舅舅十分孝敬，时常把舅舅接到南京公馆食宿。家里经常有客，而且都是政坛上显赫的人物，于右任不管来宾的社会地位，总是把舅舅让在上席首位，并向客人介绍：“这位老人是我的舅父。”

《孟子·万章篇上》曰：“孝子之至，莫大乎尊亲；尊亲之至，莫大乎以天下养。”通过于右任对他舅父的尊孝点滴，我们可以看出于右任对母亲的怀念之深。

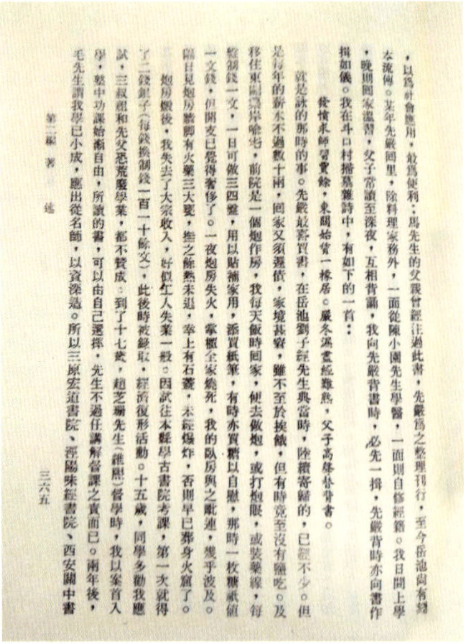

，以爲社會應用，殺爲便利；馬先生的父親曾經注過此書，先嚴爲之整理刊行，至今岳池尚有刻本流傳。某年先嚴回里，除料理家務外，一面從陳小園先生學醫，一面則自修經籍。我日間上學，晚則回家溫習，父子常讀至深夜，互相背誦，我向先嚴背書時，必先一揖，先嚴背時亦向書作揖如儀。我在斗口村掃墓雜詩中，有如下的一首：

發憤求師習賈餘，東關始賃一椽居。嚴冬滿晝經難熟，父子高聲替背書。

就是詠的那時的事。先嚴最嗜買書，在岳池劉子経先生典當時，陸續寄歸的，已經不少。但是每年的薪水不過數十兩，回家又須還債，家境甚窘，雖不至於挨餓，但有時竟至沒有鹽吃。及移住東關營岸喻宅，前院是一個炮作房，我每天飯時回家，便去做炮，或打炮眼，或裝藥線，每盤制錢一文，一日可做三四盤，用以貼補家用，添買紙筆，有時亦買糖以自慰，那時一枚糖祇值一文錢，但開支已覺得奢侈了。一夜炮房失火，幾擲全家燒死，我的臥房與之毗連，幾乎波及。隔日見炮房鄰腳有火藥三大甕，壓之餘熱未退，幸上有石蓋，未經爆炸，否則早已葬身火窟了。

炮房燬後，我失去了大宗收入，好似工人失業一般。因試往本縣學古書院考課，第一次就得了二錢銀子（每錢換制錢一百一十餘文），此後時被錄取，經濟復形活動。十五歲，同學多勸我應試，三叔祖和先父恐荒廢學業，都不贊成；到了十七歲，趙芝珊先生（維熙）督學時，我以案首入學，塾中功課始漸自由，所讀的書，可以由自己選擇，先生不過任講解督課之責而已。兩年後，毛先生謂我學已小成，應出從名師，以資深造。所以三原宏道書院、涇陽味經書院、西安關中書

第二編 著 述 三六五

我的青年时期

伯母抚孤

自从赵氏去世后，于右任便托于二伯母房氏抚养，尚无子嗣的伯母房氏，将这个孤苦的幼子视为己出，疼爱有加。并决心完成弟妹之嘱，拼全力将他抚养成人。从此这并无直接血缘关系的一个“寡母”，一个孤儿，就在三原县东关河道巷的于家相依为命了。伯母房氏几乎把自己全部的心血和精力都倾注在这个孤儿身上。于右任自幼体弱，经常生病，加之生活上的艰难和困苦，伯母房氏只得抱着不满三岁的侄儿，回杨府村娘家就医。后东关河道巷的宅屋被乱兵毁坏，伯母房氏只好带着于右任暂住杨府村娘家。

伯母房氏娘家在陕西泾阳县，距三原县城不到十里的一个小村庄。她家是一个四世同堂的大家庭，也是个世代靠耕田度日的庄户人家。父亲兄弟五人，家计有姐妹兄弟十几人，因她排行第九，村里人自小都叫她九姑娘。

九姑娘自回杨府村，由于家里二十几口人，虽劳动力多，但农田收入有限，故家境也并不宽裕。但一家人对横祸归来的九姑娘很是同情，并视幼年丧母的小外甥为九姑娘之子，更是格外疼爱。虽然房家的人不嫌弃他们母子俩，但村里人总免不了说些闲言碎语，特别是在每日农忙结束后，在晒麦场喝汤（晚饭）时，村里人总会议论这位带着侄儿居住娘家的九姑娘。后来于右任在《于太夫人行述》中写道：“里中老妪某曰，九姑娘抱病串串侄儿，欲了今生，岂不失算？况儿有父，父有一子，即提携长大，辛苦为谁？又闻其伯父已卒于南方，

二伯母房太夫人

尔以青年长寄母家，眼角食能吃一生乎？”伯母曰：“受死者之托，保于氏一块肉，非望报也。设无此病儿，无此母家，不为佣以食力，则为尼以事神。失节背信，神其殛我！”

九姑娘17岁那年，经媒妁之言，嫁给了于右任的二伯父于宝铭。婚后不久，于宝铭又外出谋生，先后到江西、江苏，直至香港，因彼时交通不便，十年八年难得回故乡一次，有时甚至经年了无音信。她和丈夫也是聚少离多，弟媳赵氏去世时她方27岁。在她50岁时，丈夫在外所娶刘氏庶妻所生之子于伯靖，因父母双亡，被送回三原，她又含辛茹苦地把于伯靖抚养成人。

九姑娘是位伟大的女性，她出生于一个贫苦的家庭，虽未曾读过书，更未闻“圣贤之道。”但她克勤克俭、含辛茹苦、坚守志节，抚育侄子，从慎始、励志、敦品、勉学，丝丝入扣、毫不放松，把全部的感情和心血都用来抚养、教育幼小的于右任。孔子在《论语·为政》中说过：“人而无信，不知其可也。”诚信是一个人最重要的道德，是立身处世的根本。承诺就意味着言必行、行必果。由此可见九姑娘是位有诺必践之人。年轻的她没有被家庭的变故打垮，在困难与波折面前保持乐观、宽容的心胸。并勇敢地挑起了持家和教养侄儿的重担。从此她们“孤儿寡母”开始了坎坷的人生旅途。小于右任从农田劳作中学到了自然知识，也体会到社会底层人民的生活，了解到农民的艰辛。伯母房氏深知孩子如果不学习、不读书考取功名是没有未来的，所以九姑娘倡议设私塾，让孩子们读书习字。她善良淳厚、办事细心、仁慈礼让，待人宽厚，农活针织样样都是一把好手，所以很受家里人和村里人的爱戴。人们常拿她作为榜样，劝勉妻子和女儿说：“你跟九姑娘比，还差着呢！”至于她的真实名字，村里人却很少有人知道。

冬去春来浅草黄，沿坡直上柳梢长。

孤儿蹿出一大节，换季时节添新裳。

清光绪十年（1884 年），于右任已经六岁了，眨眼间，来外祖家已有三年，于右任在这个大家庭过得很欢畅，没有一点寄人篱下的感觉。于右任后来在《先伯母房太夫人行述》中曾写道：“外祖家中人莫不敬伯母，亦莫不爱右任；虽食指数十，农产有限，丰歉寒暖，从无不欢。”一天，他突然问伯母：“哥哥姐姐都姓房，为什么唯独我姓于？”此事于右任在《先伯母房太夫人行述》中亦有写道：“一日，于右任请曰：‘家中兄弟皆房也，我何独异？’伯母因告以孤弱依人之故；并谓汝父既汝伯父皆走数千里，图事业，儿他日欲打牛后乎，抑远游乎？”

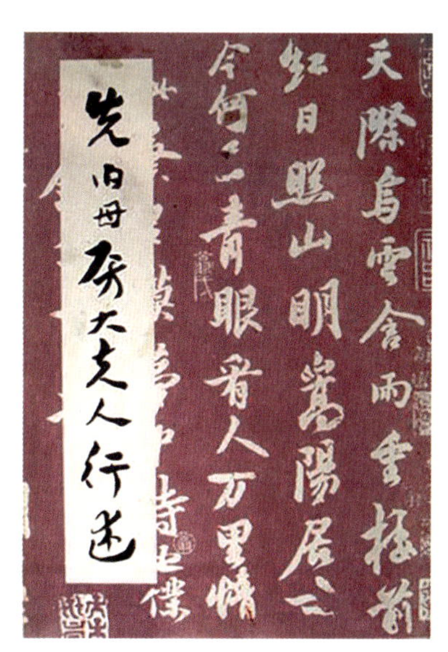

《先伯母房太夫人行述》

自回民起义失败后，关中渭北一带农田半荒，乡民多缓耕而重牧畜以度灾难。这年夏季，表兄敏事用积攒下的压岁钱买了一只跛羊，放牧了几个月后，竟产下一只活泼可爱的小羊羔，那羊羔头上长着两个拇指大的犄角，脖颈下吊有一对小绒球，表兄每日都去村外放牧，小羊羔跟在后面蹦蹦跳跳，甚是逗人喜爱。于右任看在眼里，喜在心里。就整天缠着伯母也要买一只羊，伯母疼爱侄儿至深至切，不忍拂了他的心意，用自己做工积攒的三百文铜钱也买了一只跛羊。于右任高兴极了，套上麻绳，每天赶着这一瘸一拐的跛羊和村里一群放羊娃放牧玩耍。

在初冬的一天，因村附近的草甚少，牧童们大都到较远的荒野去放牧。于右任在未告诉伯母的情况下，私随一群年长点的牧童到荒野放牧。几个牧童正玩得高兴，突然羊儿不停哀叫，只见从荒草中跳出三只狼，以虎狼之势直扑羊群而来，两只跑不快的跛羊被两只饿狼各掠一只，牧童们惊慌失措、四散而逃，这时于右任正趴在一座荒坟旁边挖一种名叫“野红根”的野菜，他抬头看见一只狼蹲在距他数尺的坟旁，正用绿莹莹的眼睛瞪着他。在这千钧一发之际，恰巧有个杨姓村邻名叫牛儿的在附近田间割苜蓿，他听到孩子们的哭叫声，抬头一看，马上手持镰刀飞奔到于右任身边，他一手挥舞着镰刀，一手护着幼小的于右任朝村里跑去。对于这一狼口脱险之事，后来于右任在《先伯母房太夫人行述》中写道：“……自回捻战平，农田半荒，邻人缓耕而急牧；表兄敏事积岁钱买跛羊，不数月得羔，右任絮絮欲得羊如表兄，时羊值本贱，伯母因凑钱市一跛者，某日冬牧，右任私随群牧儿往，伏古墓上掘野红根而食，忽三狼从荒草中跃出，牧儿与羊皆惊走，两狼各啮一跛羊于坟角，一狼踞墓旁，距右任仅数尺，村人杨姓芟苜蓿于邻田，喘汗持镰至，挟右任归……”

幸得杨姓村民及时相救，于右任得以荒坟脱险，这时伯母房氏已从其他牧童那得知遇狼的消息，惊恐失色，急忙从家中奔出。于右任在《先伯母房太夫人行述》中说“时伯母闻惊急出，匍匐道中不能前，由是起居不适者数十日”。

1964 年 5 月 1 日，于右任人生中最后一个生日之际，他思绪万千，百感交集。回忆起幼年时遇狼脱险的经历，尤其是对曾经救过他的杨姓村民，虽时间已经过去几十年，但每想起那惊魂的一幕，就会想起救他脱险的恩人，对此始终心怀感念，在《生日记幼时事》诗四首中前两首便是为怀念杨姓村民而写。

其一

莽莽大野险如斯，持斧牛儿救我时。

七十余年万里外，破窑梦寐一题诗。

其二

我与田农记不真，荒坟脱险事犹新。

今生报德知何日？但祝苍苍佑善人。

孩子们经过这次牧羊遇险后，九姑娘也越发放心不下于右任，村民们也十分忧虑，若孩子们老是这样只知嬉闹、放任自流的话，必然会出事端，于是大家商议，不再让孩子们放牧，而是入学堂读书识字，将来也好出息成才。但因杨府村距离三原县城学堂较远，孩子们年龄

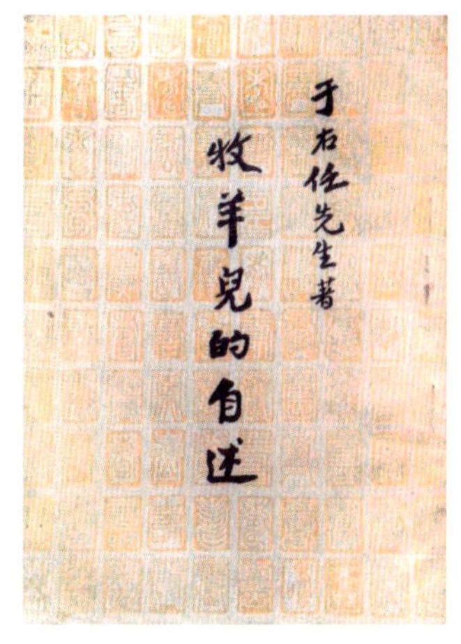

《牧羊儿的自述》

六岁乡野牧羊时险些丧命狼口

又尚小，如果没有大人陪送是不行的，故有诸多不便。再经商议后，村民们一致赞同在村内设私塾。于 1884 年，村民集资在村内马王庙兴办私塾，在这样的灾荒之年，由于各家资助有限，买不起桌凳，就垒两块土台，支一块木板，整齐干净，倒也像个学堂的样子。这时一位流浪的老者恰巧由杨府村经过，他复姓第五，是东汉大司空第五伦的后人。因旬邑家乡遭灾，生计无门，到处流浪谋生，到杨府村后，见村民修缮马王庙（又称农神庙）准备办学堂，就自荐为师。这位宿儒自幼饱读诗书、博学多闻、才华横溢，在家乡被称为“第五先生”。

光绪十一年（1885 年）的春天，马王庙私塾正式开课，于右任终于走进了学堂，开始了启蒙读书。后来于右任在《怀恩记》中所述：“牧羊遇险事后，诸舅父因小儿无学校收容，溷迹羊群，甚为担心，于是乱后兴学之义以起。旬邑老儒第五先生（第五伦之后），年六十余，出山谋作农佣，见乡人修学塾，自荐为师。我遂于七岁的春天，以一个流离的孤儿，入村中马王庙为学生。”

少年于右任在乡塾中学习勤奋刻苦，加上他天资聪明，常常得到第五先生的夸奖。第五先生在这所私塾授课前后两年，每天早晨，学堂门刚开，于右任就端坐在课桌前了，他穿的衣服虽然破旧，但却整洁干净，细问家世，得知九姑娘受托育孤，提议办学，勤督学业的情形后，心里深为感慨。原来，第五先生也是幼年丧母之儿，经历坎坷，饱受忧患，可谓是同病相怜。自然也勾起自己的隐痛，难免有些伤感，怜爱有加地抚摸着于右任的头叹息地说：“世间无母之儿，安得所遇尽如汝哉。”自此在马王庙就读年间，他对于右任的指导更加尽心尽力。

于右任在平日放学后，和别的农家孩子一样，割草拾柴、放青喂牛，凡是力所能及的，无不乐意去做。于右任在《怀恩记》中写道：

“农忙时，亦随伯母及诸表弟至田间拾麦；往往拾之于舅父陇畔的，复卖之于舅父，舅父仍一再以勤劳相助。”

按照关中农村的风俗，每年到寒食节（或者是清明节）这天，后人都要到亡者的坟前扫墓烧纸。年复一年，伯母房氏都会带于右任回斗口村扫墓。杨府村距斗口村约十二里，有时候，房家舅父套上牛车送去接回。有时候，母子俩相携徒步。到了于家亡人的墓前，房氏伯母都会郑重地告诉他，哪是老坟，哪是新坟，这个荒冢里埋的是哪位祖先，那个土堆下安息的是哪一位亲人。当走到赵氏坟前时，母子俩的脚步也变得沉重了，伯母叫于右任向母亲跪拜，在潮湿的黄土地上，慢慢地烧着送给母亲的纸钱。伯母房氏站在一旁，一边哭一边告慰安息在地下的亡人：“今年儿子几岁了，已经读了几本书了……”于右任听了伯母的祝告，泪流满面，心想着若不努力读书，不但对不起已故的母亲，更对不起养育他的伯母。于是，于右任读书更加自戒自律，刻苦勤奋了。

1929年，陕西大旱三年无麦禾，51岁的于右任为了救灾回到三原故乡，特地到杨府村看望舅母及表弟。为追忆儿时在杨府村的生活情形，有感而作《归省杨府村房氏外家》诗五首：

（一）

朝阳依旧郭门前，似我儿时上学天；
难慰白头诸舅母，几番垂泪话凶年。

（二）

无母无家两岁儿，十年留养报无期；
伤心诸舅坟前泪，风雨牛车送我时。

（三）

记得场南折杏花，西郊枣熟射林鸦；

天荒地变孤儿老，零涕归来省外家。

（四）

桑柘依依不忍离，田家乐趣更今思；

放青霜降迎神后，拾麦农忙散学时。

（五）

愁里残阳更乱蝉，遗山南寺感当年；

颓垣荒草农神庙，过我书堂一泫然。

时光如水，日月如梭，从寒门骄子到初涉文苑的于右任已经 11 岁了，他在杨府村马王庙学堂读了四年书，第五先生辞馆后，村塾延请另一位塾师授课，称冬烘先生。但他学识平平，伯母房氏为了于右任增长知识、开阔眼界，决定搬迁三原县。正如同“昔孟母，择邻处。子不学，断机杼”。1889 年房氏伯母携于右任迁居到三原县东关渠岸，依三叔祖于英。

袖中书本袋中糖，入学相携感不忘。

恸绝江南亡命日，弥留犹唤我还乡。

此诗是 1929 年，于右任返回故乡所作《斗口村扫墓杂诗》（六首）中的第三首，即是为了怀念三叔祖于英所作。于右任自幼家境贫寒，这位三叔祖于英十分关心于右任的学习，常买文具、糖果给他。后因文字贾祸被迫亡命东南，于英闻风，也携家外逃避难，至情势稍缓后方归三原，他在病重临危时，还问道：“伯循回来了没有？”由此可见于英和于右任忘年之交的亲密关系了。

于英字重臣，是三原县南大街开恒米店的掌柜，是位读书人，交友甚广，颇有声望。与三原县有名的塾师毛班香先生很是要好。因此，伯母房氏在于重臣家附近东关渠岸赁屋而居。送于右任入毛班香私塾（设在东关圆觉庵内）读书。

第二章 心志

于右任青少年的求学之路，与自身笃志好学的精神不可分割，但从家乡三原到关中各地所就读之私塾、书院以及各位名师、大儒的言教与熏陶也至关重要。蒙学时期三原著名塾师毛班香父子的基础教育；及长受关学大儒朱佛光、毛俊臣、刘古愚等人思想与识度启沃；以及于重臣、李雨田等地方贤达的护爱，来陕督学叶尔恺、沈淇泉，总教习丁信夫等人的提携、鼓励，对他视野的拓展、能量的激发和心志的树立都起到了积极的作用。诸葛亮言『非学无以广才、非志无以成学』是也。

名师开蒙

毛班香先生，学识渊博，执教甚严，与其父毛亚莪（汉诗）两人同为关中有名的塾师。毛班香先生，字经畴，才高八斗、学富五车、满腹经纶。只因个性清高，才怀才不遇，遂以传道授业为依托，于右任在毛班香先生那里读书长达九年，系统地学习了传统文化教育，如五经、诗文及书法。也开始学作古近体诗，尤其学了毛老师聚精会神，专心一致的治学之道。于右任对毛老师的精神及人品极为佩服。毛先生常常说："我没有什么特长，只是勤能补拙。"更值得一提的是，毛先生的父亲毛汉诗老先生也是一位知识丰富，博览古今的塾师，已经年近古稀，在家中闲居休养，毛汉诗老先生为人正直，赤诚待人，豪爽豁达，从不拘泥小节，于右任在他的《牧羊儿的自述》中写道："他（太夫子）生平涉猎广泛，喜为诗，性情诙谐，循循善诱。太夫子又喜为人作草书，其所写的是王羲之的'十七鹅'，每个鹅字，飞、行、坐、卧、偃、仰、正、侧、个个不同，真所谓是字中有画、画中有字。皆宛然形似，不知其原本从何而来。"毛老先生自言"一生有两个得意门生，一是翰林宋伯鲁，二是名医孙文秋。希望我们努力向上，将来胜过他们。对我的期望尤殷，教导也特别注意"。在书法方面毛老先生颇有心得，他教导学生习字要本着"先在心，后在身，意在笔先，笔居心后"的要求，做到意到劲到，劲到笔到。亦如近代著名章草书法家王世镗在《论书绝句》中所提到"首在精神次在功"，毛老先生书法之义理的精深，深深影响了于右任，并对之后的《标准草书》有着极为重要的意义。

昔日欧阳修的母亲深知孩子如果不学习、不读书考取功名是没有未来的。当时家里穷买不起笔墨纸砚，郑氏想到了一个办法，把小欧阳修带到沙滩上，折了一根荻杆，一丝不苟地在抹平的沙地上写上一行字，然后将荻杆交给欧阳修，让他照着沙地上的字一笔一画、反反复复地练习，直到写对写工整为止，这便是“郑夫人画荻教子”。于右任也是如此，这时期他极喜欢这位太夫子的草书，更激起他勤练书法的兴趣，但因家境困窘，买不起纸张笔墨，所以突发奇想找到了一个既可习字又不花钱的办法，就是在房门旁筑起一个砖台，在顶端放置一块一尺见方的大砖，墙上挂一个盛稀泥浆的锡铁圆筒。他每日出入房门时，用自己扎制的毛笔蘸上泥浆，在方砖上练习，就这样日复一日，从未间断，习字的功力大增。后来于右任曾说：“要在书法上有所成就，首先要求的是把碑帖上的字凝神深思，从而化为自己意念中的形体。执笔书写时，则需要将全身精力，运到右肩，贯向腕根，形于手指。这时要注意的是：指腕用力，最要松动沉着，而不是全身紧张和拼命用力，否则就会把动力堵塞于肩、背或肩肘之间，反而会使笔在运行时，显得僵硬不灵活。”他把临帖的经验总结为：“对碑帖，先读其文字，次即以手执笔状遵循碑帖字的结构，凭空曲肘悬腕地挥划。这样反复多次练习，心领神会，即可凝结而成自己要写的字。”后来他还多次告知青年学生：“临帖不能照猫画虎，必须做到熟读深思，俾能使自己涵泳于碑帖

味经书院

之中，疏凿而后吸取之。”

于右任天资聪明又用功极勤，加之在他十一二岁的时候得到艺术的熏陶及良师指点，对中国草书产生了浓厚的兴趣，很快就取得了优异的成绩。后来，他本着好学不倦、业精于勤的精神，日复一日、年复一年的刻苦训练，终以草书闻名于世，成为一代巨匠“草圣”。

可以说，在书法上，尤其是草书方面，毛汉诗老先生的启蒙指导，功不可没，在诗学方面，成为近代诗坛之巨擘，则必是得于毛班香老师的指引和教导。

于右任与父新三公灯下共读，互为背诵

这位毛班香先生的书馆教授之法，在当时也是比较特别的，于右任在《怀恩记》曾写道：“毛先生的教授之法亦特别，有他自教大学生，更由大学生分教小学生，平时每日授课两次，夏季更长，则加课一次，都需背诵，并带背旧书，所以读书比较精熟。”

在毛班香先生的指导下，于右任开始学习作古体诗和近体诗，他用功读背《唐诗三百首》《古诗源》《选诗》等，但始终提不起兴致。有一天，于右任以“大学生”的资格为毛先生料理馆务，在毛先生的书架上，他发现文天祥等人的诗集残本，于是偷偷取下，读后只觉得声调激越，意气高昂，满纸的家国兴亡之感，顿时激发了他的诗性，可以说他作诗由此悟入。因此，于右任作诗多半以家国兴亡，民间疾苦为主题，甚少有儿女私情。不过，当时在清末国事危难的情况下，这也是时势使然。

1889年，于右任的父亲于新三带着继母刘氏回到三原。在东关石头巷赁屋而居，于右任仍依伯母房氏。于新三不但爱读书，也喜欢买书，在四川工作十年有余，每年薪资不过数十两银子，还要还债，但只要有好书，却从不吝惜薪资，所以陆续寄回家的书不少。有时，他指着一堆书对于右任说：“望汝作世上一个读书人。”于右任后来在《斗口村扫墓杂诗》中的一首记述了当年与父亲读书的情形：

发愤求师习贯余，东关始赁一椽居。

严冬漏尽经难熟，父子高声替背书。

夜幕降临，人声初静，父子俩在如豆的油灯下互为背诵，这个时候，既是严父，又是学友，每读到精彩之处，两人往往声调激越，意气高昂。且背书时皆向书一揖，如此周而复始，不熟则深夜相伴不寝。

于新三此次归乡，虽只住了一年，但对于右任学业上的影响很大，于右任成年后回忆起这一段往事，在《怀恩记》中深有感慨地说：

"我之所以略识学术门径，却得益于庭训为多。"冬去春来，于新三于清光绪十六年（1891 年）春天，携带继室刘氏，又返回四川谋生。伯母房氏和于右任移居于东关渠岸喻宅。虽不时收到于新三寄给家里接济的银钱，但家庭经济仍然十分拮据，虽不至于挨饿，但有时穷得连买盐的钱都没有，为了维持家用，房氏也常揽些针工回家来做。清贫的家世，农家的生活，使年仅 12 岁的于右任因生活的艰难和命运的坎坷，比其他同龄的孩子更懂事一些。喻宅的前院是一个爆竹作坊，他不忍心让伯母过度操劳，便和伯母商量，想去爆竹作坊做工，伯母担心这样会荒废了学业，故不同意他去，于右任不死心，再三要求，伯母也只好答应他去试试。

于右任便在放学后去前院的爆竹作坊当小工，学做鞭炮，或打炮眼，或装药线，每成一盘，可得制钱一文。若是一天做成三五盘，可挣钱三五文，用来补贴家用或者添置笔墨纸张，偶尔也买颗糖果，在当时，一颗糖果售价一文。能吃上一颗糖已经是奢侈的享受了。就这样，于右任在爆竹作坊断断续续地做了一年工，某日深夜，突然，一声惊天动地的轰响，只见窗棂和脚下的土地都在颤动，窗外腾起冲天的红焰，顿时照得屋里和周围的一切如同白昼。定神一看，原来是前院爆竹作坊炸了，烈焰又引爆了堆积的原材料，一时间，街面上人声嘈杂，脚步纷乱，恐惧的嘶哑声，噼噼啪啪的燃烧声以及救火者的桶担碰撞声，响成一片。但爆竹作坊这样的大火太突然，又如此猛烈，依靠桶担如何能扑灭呢？

最后爆竹作坊炸成一片废墟，惨不忍睹，掌柜的全家都被烧死了。次日清晨，于右任到前院察看，发现与自己卧室仅有一墙之隔的彼层墙角，竟然放置着三口大火药瓮，摸着仍有余热，不禁出了一身冷汗，幸亏每个瓮口上都扣着厚厚的石板，若没有这石板，恐怕自己早已葬身火海之中了。

同年，光绪帝亲政，当时的清政府教育官署为奖励文章写得好的学生，设“考课”来吸引一些年轻有为的学生前来参加考试，并给成绩优秀的考生颁发奖银以示鼓励。

自从爆竹作坊炸毁之后，于右，任的“财源”也随之断了，失去补贴来源，生活困顿，家里的生活又陷入困窘之中，连学业也难以继续。毛班香先生对此倍感惋惜，于是他极力劝于右任去参加“考课”说：“一，以监学业；二，或许还能获得奖银，以资学费。”

所谓“考课”，其实是一种会试，每年举行一两次，各私塾的先生都会推荐自己的得意弟子到三原学古书院。然后由公认的名师出题，对成绩优秀者发以奖银。清朝末期，三原有学古、宏道、正谊三大书院，这三大书院都是陕甘著名的学府。其中历史最久，名气最大的是学古书院，其院址在书院门街北端，是元延祐七年（1320 年）邑人李子敬出资五万贯所建。

这年于右任 14 岁，俗话说“初生之犊不畏虎”，踌躇满志的他来到三原学古书院参加“考课”，正所谓：宝剑锋从磨砺出，梅花香自苦寒来。第一次就得了二钱银子的奖金，每钱可换制钱一百一十余文，一次“考课”获得的奖银相当于他在爆竹作坊两个月的收入。于右任春风得意、欢呼雀跃，接下来的每次“考课”他都积极参加，真是势不可挡啊！于右任每次都能获得奖银，这样一来，不仅使他在三原各书院名声大起，得来的奖银既可以贴补家用，又解决了他求学的各项费用。

清朝光绪年间，朝廷仍然是科举制度。于右任的同窗好友都劝他去应试，当时的于右任才 15 岁，自己也拿不定主意，他把这个想法告诉他的父亲和族祖于重臣，他们都觉得于右任年龄尚小，去应试会荒废了学业，都不赞成，所以于右任在毛班香先生的私塾继续读书。直至清光绪二十一年（1895 年），于右任 17 岁，赵芝珊（维熙）先生任陕西学政，适逢岁考，于右任以第一名优异的成绩荣获“案首”，成了秀才。这在毛氏私塾实不多见，故而所学功课逐渐自由，所读之书也可以自由选择，先生只是负责讲解督课而已。陕西地处内陆西陲，交通堵塞，空气沉闷，新式书报颇不易得。但于右任孜孜以求，千方百计地到处搜寻借阅。此时，已有外籍牧师在三原传教，于是常从教堂借来《万国公报》《万国年鉴》等书刊，在家认真阅读，借以了解国内外的大势。两年后，毛班香先生认为于右任学已有成，应出从名师，以资深造。于是为了使自己的学业更上一层楼，于右任告别了培育他九年的毛班香老师，带着孜孜不倦、求知若渴的心情，先后到三原宏道书院、泾阳味经书院、西安关中书院继续奋发图强、坚持不懈的钻研、探求。

于右任手不释卷，诗赋经解均能对答如流，但所做的八股文却别开生面，是以书礼、史记、张子正蒙等书为本，专于说理、不尚辞藻，与当时枯燥乏味，只重形式的八股文截然不同，更不合当政者的口味，因而多次书院会试，于右任的文章不是背榜就是倒数第二，尽管如此，他忧时伤民的情怀与匡世报国的雄心不仅未被熄灭，反而日益高涨。

八股文是明清科举考试的一种文体，也称制义、制艺、时文等。八股文章就是四书五经取题，内容必须用古人的语气，绝对不允许自由发挥，而句子的长短、字的繁简、声调高低等也都要相对成文，字数也有限制。文章的八个部分，文体皆有固定格式，即由破题、承题、起讲、入题、起股、中股、后股、束股八部分组成，题目一律出自四书五经中的原文。后四个部分每部分有两股排比对偶的文字，合起来共八股。书写规定也极严格，试文要求点句、勾股（标段落），添删涂改的字数于文末以大字注明。文中避庙讳（死去的皇帝名）、御名（当今皇帝名）、圣讳（孔孟名），试题低二格，试文一律顶格，不符合上述规定者取消考试资格。

这种考试制度及其具体规则，禁锢了知识分子的思想与才能。少年学子于右任自然也不例外，他对这一套烦琐、束缚人们思想的程序讨厌至极，他的学友劝慰他更弦易辙，仿照八股文的格式作适合当政人口味的文章，于右任却无所谓地说："背榜就背榜吧！做那种不动脑子的文章，我实在无能为力。"

名震西北

清光绪二十四年（1898 年），以康有为、梁启超为代表在北京上书皇帝，提出变革，曰“能变则全，不变则亡；全变则强，小变仍亡”的革新主张，并得到光绪皇帝的支持。从 1898 年 6 月 11 日开始实施，其主要内容有：改革政府机构，裁撤冗官，任用维亲人士；鼓励私人兴办工矿企业；开办新式学堂吸引人才，翻译西方书籍，传播新思想；创办报刊，开放言论；训练新式陆军海军，同时规定科举考试废除八股文，取消多余的衙门和无用的官职。特别是对教育方面提出“变法之本，在育人才；人才之兴，在开学校；学校之立，在变科举，而一切要其大成，在变官制”。此次变法虽历时百天有余而以失败告终，但这是一次具有爱国救亡意义的变法维新运动，也是中国近代史上一次重要的政治改革，更是一次思想启蒙运动，对社会进步和思想文化的解放，起了重要的推动作用。

1897 年，新任学政叶伯皋先生来到三原。叶伯皋，字尔恺，在当时各省提学使中，他是以学问渊博著称的，幕府中人才云集，如叶澜、叶翰两位先生，都是东南知名人士。叶尔恺任渭北某县教谕的米脂人高照熙就说：“叶学宪专取时务，时务者何？西洋诸国之事也。”可见叶尔恺好讲新学、倡导新学之心。

那时提学使的衙门设在三原，叶学台下车伊始，观风全省，拟定诸如“秦始皇拿破仑”“卫文公滕文公”等题目数十几个，其各门学问无不具备，内容广泛涉及中外史地、格致算学等各个领域，命各州府县的考生选做，他不设考场，而是把卷子都发给学生，让学生自己发挥，写出有独到见解的文章，限期一个月缴卷即可。有不少考生对一些新名词从来没有听说过，甚至有人把“秦始皇拿破仑”说成是“秦始皇拿了一个破车轮”，真是笑话百出。但于右任看到题后却是一副胸有成竹、稳操胜券的样子。

在寒冬的夜里，房间里似冰窖一样的刺骨，他对叶先生列出的考题深思熟虑、呵笔疾书，不拘泥刻板，所答皆是发自肺腑之言，颇有自己的独到见解，并在规定的期限内接连完成了十数篇。真是应了那句“千里马常有，而伯乐难求”，往日在宏道书院时常背榜的于右任，遇到了识才的伯乐叶尔恺。

叶尔恺对于右任的试卷每篇都仔细认真地阅读，语言朴实且精理内含、层次分明且情节合理、远见卓识且寓意深刻，叶先生对于右任的每篇答卷都予佳批，格外赞赏并欣然批道“入关以来，未见第二人”，还大书“西北奇才”，推崇备至。考试毕后，便立即破例传见于右任，对于右任说了许多嘉奖、勉励的话，还特意授予于右任一部薛叔耘的《出使四国日记》，并叮咛他仔细阅读，留心国际形势、博纳进步学说，末了还说：“这本书我只带了一部，阅读后仍须送还的。”可见叶学台对于右任的倍加器重和另眼相看之意。

于右任来自农家，与叶尔恺素无渊源，叶先生的赏识提拔，使他接触到国外的一些知识，让他的眼界渐宽，对学业的进取心更加强烈，也给了青年的于右任以极大的信心。

遗憾的是，历经动乱变迁、沧海桑田，现在已经无法看到这些试卷了，幸运的是从他同一时期所作至今尚留存的几首诗中，我们还是可以一睹他当时文采斐然、构思新颖的风貌，如《于右任诗存笺》列为第一首的《杂诗感》一诗：“…… 夷齐两饿鬼，名理认不真。只怨

于右任在三原宏道学堂的策论试卷

干戈起，不思涂炭臻。心中有商纣，目中无商民。叩马复絮絮，非孝亦非仁。纵云暴易暴，厥暴实不论。仗义讨民贼，何愤尔力伸。”

他把我国历代称颂的伯夷、叔齐兄弟俩因不食周粟而饿死在首阳山的这件事，推翻数千年来的定论，呵斥他们兄弟俩阻拦周武王伐纣的革命，这种看法引人深思、别具一格，又经叶学台的提拔，声誉压群英，故而名重一时。

叶先生任满后，沈淇泉先生（又名沈卫，即沈钧儒先生的父亲）继任督学，陕西已经持续大旱数载，三原城内外，饥民成群、路有饿殍、惨不忍睹。为了救济饥民，沈先生在东南各地募集了一笔巨款，在三原西关渠岸三官庙内开设粥厂，希望找一个年轻有为的人来管理粥厂事务。这时，于右任正在宏道书院学习，书院的山长（主讲人或总理院务者）是孙芷沅先生，他向沈提学使推荐于右任出任粥厂厂长。

初出校门的于右任，没有任何社会公益工作的经验，但他看到饥民甚多、鸠形鹄面、啼饥号寒。整个社会的惨状，不由得他不用心不努力做好粥厂的工作，于是于右任抱着全心全意为饥民服务的宗旨办好粥厂，不但在粥厂内创立了独立的会计制度，而且用数月的时间培训了二十多位员工各司其职，把繁忙纷乱的粥厂管理得井然有序，使饥寒交迫的灾民及时得到救济，度过了灾荒难关。直到次年春天新麦

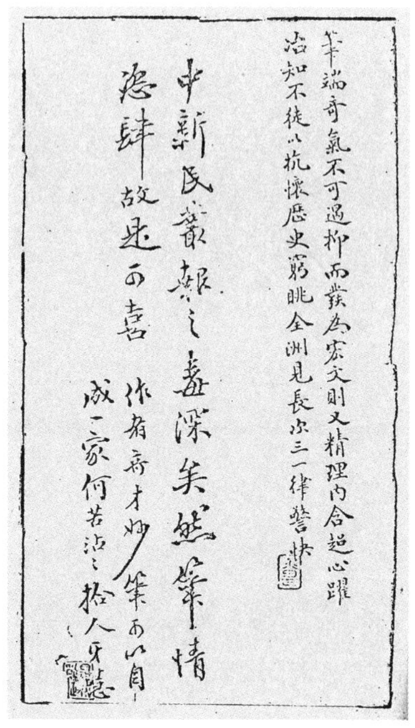

筆端奇氣不可遏抑而發為宏文明文精理內含超心躍冶知不徒以抗懷歷史窮眺全洲見長亦三一律瞽快
中新民叢報之毒深矣然筆情恣肆故是而喜
作者奇才妙筆而以自成一家何若沾沾拾人牙慧

叶尔恺在于右任试卷上写的批语

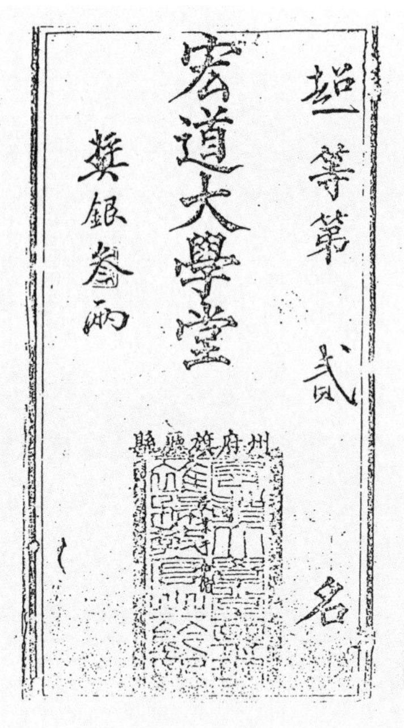

超等第贰名
宏道大學堂
獎銀叁兩

于右任在宏道书院的获奖证书

成熟在望时，于右任粥厂的工作才圆满结束。由于他昼夜忙碌，竟然累得生了一场大病。

在粥厂工作近一年的时间，于右任的组织管理、协调安排能力得到了很好的锻炼，但学业损失甚多，实在觉得可惜。遣散粥厂后，于右任提出要继续学习深造，由于于右任在赈灾中表现卓著，沈学台支持他的要求，于庚子年（1900 年）春天送他到当时关中著名的陕西中学堂继续深造。这所宽大华美的新式学堂就坐落在西安城内的北院，总教习（教务）是江夏（武昌）丁信夫先生，他才学博大、精通经史、颇有心得，故讲解详明细致，如汤沃雪，使他受益良多。

然而不到半年，庚子之变，国难当头，八国联军攻陷北京，慈禧太后挟持着光绪皇帝仓皇西逃，最后狼狈跑到西安避难。西安城的大街小巷一时间戒备森严，往日书声琅琅的西安中学堂因要改做西太后母子的行宫而解散。别看慈禧太后这个惊弓之鸟，对洋人奴颜婢膝、闻风丧胆，可在中国老百姓面前还有心思大摆阔气。驾临西安那日，凡是她经过的道路，都要用黄土铺垫、净水泼街，数百人手执旗帜、灯笼、斧钺、宝扇、红毯等为她开路助威，成千上万的臣民跪在路旁接驾。那时岑春煊任陕西巡抚，他还命令中学堂的师生衣冠整齐地跪在道旁迎接“圣驾”，连头也不准抬，在地里跪了足足一个多小时，等那辚辚的车轮滚动声和杂沓的马蹄声消失净尽，才有人喝令大家起立散开。

这件事使于右任愤恨之情溢于言表，国家弄成这副样子，皇帝都要出逃避难，慈禧还摆什么臭架子，竟然兴师动众的要大家跪着迎接她。于右任愤恨之余突发奇想：“欲上书陕西巡抚岑春煊，请其手刃西太后，归还朝政，重行新政。”于右任在《我的青年时期》中对此事作了详细的记载：“我之入陕西中学堂，在庚子春间……及庚子之变，西后母子入陕，北院改作行宫，学校无形解散，又令堂中师生，衣冠出城，迎接圣驾，在路旁跪了一个多钟头。我于愧愤之余，忽发奇想，欲上书陕西巡抚岑云阶，请其手刃西后，重新新政。书未发，为同学王麟生先生（炳灵）所见，劝我不要白送性命，始止。”

西太后母子驾临西安不久，就传来了消息，李鸿章和奕劻在北京与德、俄、日、美、法、英等侵略国家签订了丧权辱国的《辛丑条约》，承认了帝国主义列强提出的“门户开放、利益均沾”，并赔款白银四亿五千万两。一时间全国舆论哗然，民情激愤，国家的奇耻大辱，清廷的媚外暴内，使于右任悲愤至极，思绪纷乱，后来他在自己的《牧羊儿的自述》中回忆写道：“我此时心目中，常悬着一个至善的境地，一桩至大的事业，但是东奔西突，终于找不到一条路经。平时所读的书，如礼运、如西铭、如明夷待访录，甚至如谭复生仁学，都有他们理想的境界。又其时新译的哲学书渐多，我也常常购读，想于其中求一个圆满的人生观。但书是书，我是我，终不能打成一片，奠定我思想的基石，解除我内心的烦闷。我小时，二伯父曾经叫我到香港读书，以家计困难，未能成行。及闻上海志士云集，议论风发，我蛰居西北，不得奋飞，书空咄咄，向往尤殷。”于右任此时读书较多，阅历渐广，道理也懂得多了，总不免和自己联系起来，对照联想，可见他此时悲愤且苦闷的心情。

于右任的爱国思想日益显露，为了表明自己的反清意志，他请好友董眼为自己拍了一张“散发握刀照”以明其志。董眼，泾阳人，因眼部有疾，戏以董眼呼之，其性情豪爽、仗义。常以运售摄影器材为由，奔走在西安、上海与泾阳、三原之间，实则是常输入南方革命书报，于右任与他相识甚密。某日，他俩与好友胡德舆一起讨论时政，说到清政府媚外暴内的丑态，于右任倍感激愤，对董眼说：“你精于相术，给我照一张不打辫子的散发照以铭心志，你敢不敢？”董眼慨答：“我非胆小鬼，怕他怎的！大不了头割了碗大个疤！”说着就帮于右任打开辫子，在一旁的胡德舆也万分激动，提笔写了于右任口授的一幅大字对

于右任散发照

联，贴于墙上，上联是“换太平以颈血”，下联是“爱自由如发妻”。于右任站在对联的中间，并手握一把长刀，拍了一张散发握刀照片。照片洗出来，两人非常满意，还觉得拍得解气，拍出了中华民族的浩然正气。

生活就是一部严肃且残酷的教科书，于右任越来越看清了政府的无能腐败，他用这种偏激的行为来发泄对现实社会种种的强烈不满。也正是他的这种不计后果的行为，在日后竟成了迫害他的“罪证”。

1902 年宏道大学堂的答卷上，我们可以看到于右任高瞻远瞩的民族意识和真知灼见的思想踪迹。如“试题为《周礼·冢宰》‘以九式节财用’。论者谓：所以格君心之私。今欧洲议院亦重监财权，英主维多利亚议赠幼子之俸，竟以国人皆曰不可而止，是彼国颇合古法之证明。试博考古今，推论其得失”。题目要求，以中国历史上节财用的古法，结合当时欧洲议院的新法，推论其得失。

于右任在答卷中对西方国家的宪法、议院以及对用财的监督倍加赞赏，他说：“故文明国宪法之精义，国民之精神，财政之宗旨，以专注乎国为急务，当闻泰东西政治家之言矣。”“议院西国最善之制也……”他说西方国家议院重监财权是因为“财者，是民之膏血，国之命脉也，以膏血命脉而任暴君污吏摧残之，妇孺阉宦朘蚀之，言之至是，歇胜痛恨”，并痛恨那些暴君污吏肆意吞噬民血民膏而得不到相应的制约。他说英主维多利亚想要为幼子增加薪俸，要不是议院监督财权，怎么能不依她呢？他强调，一个国家必须爱惜人力物力，因为“不致谨于民力物力，必致解其国力权力”。指出当时中国财政支付不合理的三冗：“一曰冗兵，绿营腐败之兵，入关从龙之彦，耗财一也；二曰冗吏，朘削官帑者半，朘削民生者半，耗财二也；三曰冗官，捐虽停而已捐者盈天下，俸虽薄者而朘民者抵养廉，耗财三也。”他指出："深究其财政之破坏，一言计之曰，无预算而已矣。"他提出国家财政一定要进行预算，因为这是与国计民生相关的大事，统治者一定要引起重视等。

另他在此份答卷的另一个标题下，对彼得大帝的才智和谋略非常欣赏，他们对外开放，善学他人之长，使俄罗斯成为世界的强国。他说："俄罗斯野蛮国也，大彼得野蛮王也，然辟荆榛、广教化、与学术、励实业，是俄臻文明之域者，果何人哉？""不畏谤怨，不耻师学，不惮跋涉，开窗闼以眺欧洲，留遗命以辟亚洲，使俄执万国之霸权者，果何人哉？彼得，真铸时势之英雄哉！"又提出建招贤馆、兴学校、恤贫民、劝农桑、习各国语、输外国之文明等。又在"两利为利说"的标题下，提出"改革者也，然后知大利者，同利也"的思想。

从上面的答卷内容不难看出于右任的民族意识日益深化，变法思想远见卓著，他讽刺清廷横征暴敛，置人民疾苦于不顾，陷国家民族于万劫不复之地。"百日维新"所颁布的新法中也提及议院宪政思想，国家财政预算，监督支出以及爱惜人力物力的思想，可见他深受康有为、梁启超的影响，提出改革等同于维新变法的改良。卷中提起俄彼得大帝的励精图治"输外国之文明，执万国之霸权"，其意在提醒光绪皇帝效法，以恢复我中华国威。康有为也屡次将这一思想上书光绪皇帝并详细论述，还呈上了自己著的书，名曰《俄彼得变政记》，尽管如此，但封建陈旧的思想又岂能轻易被撼动。于右任倾心赞佩梁启超那恣肆奔放、酣畅淋漓的时务文章，他认真阅读，竭力模仿，在他的这份试卷上，主考官这样批评道："笔端奇气，不可遏抑，而发为宏文，则又精理。内含超心跃冶，知不徒以抚怀历史，穷眺全洲见长。次三一律，警快！"又云："中《新民丛报》之毒深矣！然笔情恣肆，故是可喜。作者奇才妙笔，可以自成一家，何苦沾沾拾人牙慧？"

大儒启沃

由于于右任赞成新政，因而与陕西提倡新政、新学的有识之士都有来往。在陕西提倡新学最有力最彻底的当属三原朱佛光先生，于右任经同窗好友李金镛的介绍，认识了富有革命新思想的关中名儒朱佛光先生以及其盟弟毛俊臣先生。

朱先照（1853—1924 年）字漱芳，晚年改字佛光，三原东乡朱家湾人，其容貌奇古、气宇轩昂，性诙谐，善谈说，自称是明朝宗室秦王的后裔。他自幼受太夫人侯氏之教，即以民族革命为己任。原为小学家，治经由小学入，治西学则从自然科学入，可谓是学识宏富。他设立私塾，教授弟子，常常出口成章，隐喻革命义理。朱佛光先生并不是一个教条的民族主义者，他把满腔的爱国热情，化做改革民生、

三原学古书院旧址

关中书院

开启民智的实际行动中。他一方面组织“天足会”，鼓励将改革的思想化作改革民生、同时又创设“励学斋”讲授新学，首开陕西一带学习西学的风气。

朱先生讲学也极为大胆，授课时常借题发挥，提示民族关系，隐隐激发爱国精神，并用明末遗老的抗清事迹与斗争精神启迪门徒。他曾著《康氏纠谬》一文，驳斥康有为、梁启超在戊戌变法失败后，未能吸取教训，却组织保皇党，宣传效忠清帝，蛊惑青年。朱先生认为：“皮毛改良是不行的，要解决中国的问题，必须采用激烈的革命手段。”于右任受其陶冶、十分敬仰。故拜谒其门下，虽非正式受业，却礼敬如师长。朱先生的盟弟毛俊臣先生，为西安名儒，是位经学家并兼擅辞章，二人学行契合，称得上是珠联璧合、相得益彰。由于得到两位名师的指导，于右任的视野更为开阔，思想也日益新进。比如他的一首诗《和朱佛光先生步施州狂客原韵》曰：

愿力推开老亚洲，梦中歌哭未曾休。
人权公对文明敌，世事私怀破坏忧。
偶尔题诗思问世，时闻落叶可惊秋。
太平思想何由见？革命才能不自囚。

由此可见于右任的诗已经不只是囿于个人荣辱，而是扩展到亚洲以及世界的范围了，更流露出他要力推老亚洲，以实现太平盛世。并明指康、梁在戊戌变法失败后的所作所为，故斥其为“文明敌”，并喊出“革命才能不自囚”的革命思想，所以朱佛光先生也是于右任确立革命思想的指导者和启沃者之一。

于右任和茹欲可、程运鹏等几位学友共议治学之道，他们平时喜欢看曾国藩、胡林翼的文章。朱佛光先生听说了，特意指点他们说：“曾、胡文章虽好，题目则很差，请你们今后的留意。”于右任听了，大受启发，他心情激动，马上把自己刚购置的曾、胡著作清理出来，一把火全部烧掉。他曾说当时的自己“颇有‘天地悠悠，怆然涕下’之慨。这都是我们少年时之狂态，也是受朱先生的影响，因为经朱先生的启沃，我们的思想，已经渐渐的解放了”。

中国上下几千年的历史沉淀实在太厚重了，想要推旧换新，彻底改革，着实不易。戊戌变法刚拉开序幕，就被以慈禧太后为首的复辟势力所扼杀，而这一时期的于右任既富于民族的义愤，又具有强烈的求知欲，他下定决心要拜访关中所有著名学者，学得知识，探索真理。

1898 年“戊戌变法”，陕籍京官宋伯鲁、李岳瑞等人在京城十分活跃，是维新集团里的骨干分子。而在陕西，其代表人物则是刘光蕡。刘光蕡字焕堂，别号古愚，咸阳人，是味经书院的山长（书院主讲人或总理院务者），更是关中经学家的领袖，他博览群籍，精通“四典”（即《通典》《通志》《文献通考》《资治通鉴》，也称“四通”）兼长历算，素以经世之学教士。他全心全意投入教育，先后主讲于味经、崇实等书院，长达三十余年，可谓是深孚众望，斗重山齐。

由于外辱日深，民族危难在即，故刘古愚与康有为常有书信来往，矢志“熔中外旧新于一炉”“以经世之学倡天下，使官、兵、农、工、商名明其学，以捍国家”，大义凛然，执陕西维新派之牛耳，故一时有“南康北刘”之说。

此时，慈禧太后突然发动政变，百日维新惨遭失败，康有为、梁启超潜逃国外，以谭嗣同为首的六位赞同康梁变法的官员惨遭杀害。刘古愚闻讯失声痛哭，大呼“元气绝矣”，在书院设坛奠酒遥祭六君子，这一举动，被清吏侦知，愤恨不满，时常派人窥视他的行踪及与其来往之人，更扬言要捕捉他，清政府还借口说他是“新党”，并解除他味经及崇实两书院山长职务，使刘古愚处境极为窘迫。

当他人避之唯恐不及的时候，于右任偏偏在这谣言四起的时候，专程去拜访这位令清吏所忌恨的刘古愚先生。革命的夭折，世道的黑暗，使他心境极度的苍凉，面容憔悴，蓬头垢面，因为愤世嫉俗，整日闭门不出的他看到于右任突然拜访，也大为惊讶：

刘古愚先生遗照

“你这个时候来看我，不怕受连累？”

于右任坦然地说：“先生为人我向来敬佩，正是这个时候，我才来拜访先生。”

刘古愚听了颇为感动，心想，有这样有雄胆血气的青年，中国的未来是有希望的，并连声赞道：“后生可畏！后生可畏！”于是留于右任住下，待之甚优，虽只有一月，每有所问，都悉心教导，使于右任印象甚为深刻。

于右任少年时，因受长辈们的教育，逐渐形成反满的民族意识。这主要从他幼年寄居在杨府村外家时，亦有一段故事，这里应该补述一下。西北风俗，每日工完毕后，伯母一家老少二十余口在麦场“喝汤”（吃晚饭）。麦场有一亩至数亩多地，平时用来曝晒农作物，喝汤时则是分配次日的工作，或者闲谈聊天。在于右任七岁时，某日，他的表弟在闲谈中突然问：“我们读了百家姓，为什么书里面没有县官的姓呀？”于右任的四外祖答道：“因为他们是满人呀！两百多年前满洲人打败了明朝的朱皇帝，占了明朝的天下，所以我们的《百家姓》里不要他们的姓。”他四外祖没有读过书，“不要他们的姓”的这回事，当时的于右任听了也是莫名其妙，似懂非懂，但在他心里却起了一个民族意识的憧憬。

于右任长大后学习举业，循例应试，民族意识仍然若晦若明、旋蛰旋动，也没有什么确定的界限，直到受丁信夫、朱佛光、刘古愚等老师讲授新学的影响，以及谭嗣同《仁学》等著作的启发，于右任的政治倾向逐渐接近于维新派。

于右任在维新派的影响下，眼界开阔，更是对清政府的腐败，祖国的沦陷感到无比的愤恨。虽高中举人，但潜在的革命意识一直在脑子里来回浮动，于是向自己提出了一个既严肃而又至关重要的人生观问题，他说：我这一生，到底是循例走科举应试的道路，博个一官半职、封妻荫子、谋求个人和家庭的荣华富贵？还是投身改进（改良）这个社会？到戊戌变法失败后，他认识到改良这条道路走不通，从而得出了“吾人当自造前程，依赖朝廷时难俟”（《从军乐》）的结论。由此可见，于右任也是经历了“反满—改良—革命”这一摸索的过程，献身革命的意志才最终确立。

前山西巡抚毓贤因义和团一案遭清廷诛杀，他的两个弟弟毓俊等族人也受到株连，当时隐居在三原东里堡，毓俊在游本地的清凉寺、唐园等名胜古迹，经常题壁诗以疏散心里的悲愤，实在令人同情。可是于右任以民族立场出发，深非其人，针锋相对题诗于旁，有“乃兄已误人国家”等尖酸刻薄之词句。这一时期于右任腹诽心谤、经常毫无隐讳的骂这个，骂那个，有时候甚至是明骂。还特地加注语说“刺皇太后也”“刺升允（时任陕西巡抚）也”等等，他特意引起官府的注意，堪称惊世骇俗的“狂生”。

这时期的于右任年少气盛，只要有人稍微忤逆他的意志，他都当面驳斥，毫不留情，对宏道大学堂的总教习薛寿轩，也直言不讳，不留情面，薛总教习怒气冲天，在学堂悬牌申斥，于右任看到后，更是怒不可遏，一气之下愤然弃学而去。

不久，于右任的妹夫周镛（石笙），向兴平知县杨宜瀚（字吟海，四川人）举荐他给杨知县的两个弟弟授课，他欣然答应。到了兴平，于右任游遍历代先贤名将的立基开国之地，深入了解了西北民情，广交三教九流之士，收获甚大。他的诗中民族意识也极浓，借咏古人抒发自己的壮志豪情，一泻胸中之块垒。

如《兴平咏古》九首："误国谁哀窈窕身，唐惩祸首岂无因？女权滥用千秋戒，香粉不应再误人。"影射慈禧干政。

再如《署中狗》："署中豢尔当何用？分噬吾民脂与膏。愧死书生无勇甚，空言侠骨爱卢骚。"他以极其辛辣的笔触，把清吏比作只会吞噬民脂民膏的狗。写出了许多充满爱国激情与反抗精神的诗。

于右任的诗汇编成册，并题名曰《半哭半笑楼诗草》。他自号为"半哭半笑楼主"，其用意即在表明是以八大山人的志节自况。借以表达自己对江山易人的悲愤之情和与清抗衡的政治态度。

于右任在友人孟益民、姚伯麟的帮助下，《半哭半笑楼诗草》在三原刊行，其中集于右任诗作四十余首，是他首次诗集印本。此书的首页就是那张董眼为其拍的题联石印的照片，于右任毫不顾忌，见熟人便送，在关中渭北一带秘密传开，这也是他后来获罪的原因之一。

杨宜瀚先生是四川名士，从军新疆多年，在兴平县任中，勤政爱民，提倡新学，政风甚佳。而于右任在兴平期间，除了教书以外，还帮他看看学校课卷，杨知县在空闲的时候则为他讲些西北情形。同年，于右任参加陕西乡试中举，而杨宜瀚也已调任商州（今商县）直隶州的知州。他提倡新学，并非常欣赏于右任的才学，所以盛情邀请他前往商州，为商州培育人才，于右任立即答应，欣喜而去，时任商州中学堂的总教习。一个年仅25岁的青年担此大任，实属罕见。在将近一年的时间里，于右任锐意整顿学风、严格考核课业、敦请名师讲授、潜心培养学生、不出半年，商州中学堂声誉日隆，变成了名副其实的商州第一学府。后来于右任邀请他的同窗好友茹欲立、李仪祉也来商州中学堂任教，故有“学风大进”“人文蔚起”的美誉。1904年，清政府特谕改会试甲辰正科为恩科，在河南省开封举办。于右任把中学堂的教务托付给茹欲立、李仪祉二位好友代理，自己从商州启程，前往开封应试。

踏上征途

于右任早期思想中占主导地位的是什么？他为什么一面激烈地抨击清朝统治者，又要赴开封参加会试？一种观点认为，于右任已知官府嫉恨自己，很早就有出走上海的计划，无奈迫于生计，只得来开封应试。另一种观点认为，于右任与一般的士子们不同，他志在倾覆封建清王朝，怎么会图进士这个虚名呢？至于他去应试的原因，从现存的材料看，已无从考证。于右任的读书路线，与举子的考试路线不同，其本人亦不愿走科举之路。但科举可以一举成名，可以由此而得到报酬，以解决家里生活的困境。于右任的诗与文，既名满关中，科举时机来临，他自然没有不前往一试的道理。常见的有以下三种观点：（一）于右任重视学业，认为赴开封是求知和开眼界的好机会。（二）于右任向往上海，因资金匮乏而不能成行，而赴开封赶考，有地方的资助。（三）可能是他的父亲与亲友的督促，他不能违抗父命。

以上三种看法，均不能苟同，总觉得有些失之牵强，有些是其中的原因，但不是主要的、根本的。如若碍于生计，开阔眼界，资斧不济，为多的报酬等，不免舍本求末了。要知道于右任在赴开封应试前，已是商州中学堂的监督（校长），他是有薪资的，亦享有一定的名望。其实封建旧知识分子读书的目的就是在于科举应试，由州府试而为秀才，由秋闱而为举人，由会试而为进士，由殿试而成为三甲与翰林，这往往是学子读书的目的，除了学子本人外，其家人亦作如此期待。所以，于右任的读书路线与举子考试是一样的。其时，科举制仍旧是青年循序上进的正途，于右任亦不能例外。这些可从以上所述于右任的身世和他以后所受房伯母、父亲、恩师的谆谆教导，以及他所处的时代所形成的社会条件中去寻找。于右任从七岁入毛班香私塾直至赴开封应试，读书考取功名，始终是他早期思想的一条主线，且占据主导地位，其他则是次要的。有一次，于右任借阅《历代名臣奏议》一书后，深有感触的对同学说：“泱泱中华，竟为女后庸臣所误，受人宰割。我国历朝，代有名臣，难道现今就无有哩？”他就是期望得到功名后，成为像林则徐、王鼎、宋伯鲁等这样的名臣清官。假如没有当年朝廷的捕拿，于右任凭已有的才华和学力，他的前途该是怎样的呢？

同年《半哭半笑楼诗草》事发，三原县令裕德得到此诗草后，立即密报陕甘总督升允，指控于右任是“革命党”。升允闻报大惊，立即秘密奏请清廷以“逆竖昌言革命，大逆不道，请旨斥革究办，以遏乱萌”。不久，清廷颁布密旨，宣布革去于右任的功名，严令缉捕，且有“无论抵至何处，拿获即行正法”之语。因驿站和电报都发生故障，明文未到，在这千钧一发之际，幸有三原县盐店街恒盛药材店主李

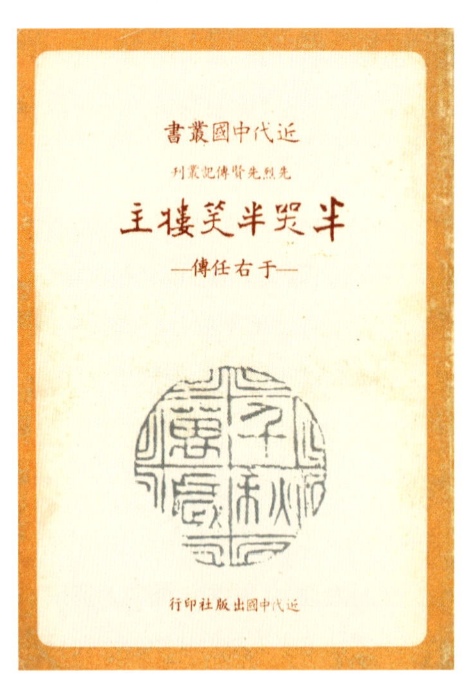

《半哭半笑楼主》

雨田先生（其子李和甫与于右任是同学）探知消息后，立即告知于右任父亲于宝文，于宝文突闻噩耗，六神无主，李雨田先生建议高资雇一“急足”赶到开封送信，于是雇用了一名绰号叫“飞毛腿”的信差，日夜兼程，每逢驿站换马不换人，快马加鞭终于在规定的期限内到了开封，然而却不知道于右任现住何处，正当“飞毛腿”万分着急的时候，也许天佑吉人，这时于右任与同应试的同学苦坐无聊外出散步之时，竟和那正在犯愁的“飞毛腿”不期而遇。这封生死攸关的重要信件，其实只写了 12 个字：“苦笑楼，将上墙，虽未详，祸已藏”的密语，至于逃亡诸事，密授飞毛腿转告于右任。于右任看到信后，立刻回到客栈收拾行囊便逃。就在他离开客栈后两个时辰，官府铁骑包围了举人们下榻的旅馆，他们像一群饿狼，闯进每个房间，翻箱倒柜搜查，无奈人去楼空。他们忖度于右任肯定是逃回陕西老家了，又风急火燎地向西追了一程，还是没有踪影，于是把于右任的同窗好友王曙楼、王心芸、朱仲尊等押回县衙审问，县官软硬兼施，几个人守口如瓶，都说不知道于右任的去向，把他们关押了一个月有余，才无罪释放。县官从于

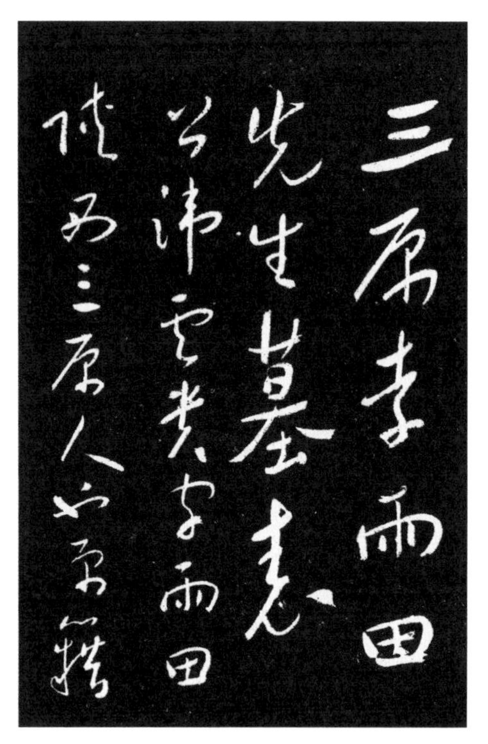

李雨田墓表

右任同学身上没有找到线索，于是把陪伴于右任到开封赶考的仆人吴德抓起来了，施以重刑、严刑拷打之下，吴德一口咬定“不知道”，直到遍体鳞伤、死去活来，但始终也没有供出主人的行踪，对此于右任多年后仍万分感念。

对于这一段逃亡的经历，于右任在《我的青年时期》中记述：

甲辰年的春天，我将商州中学的事，请李仪祉和茹欲立两先生代理后，即往开封应试。陕总督升允以《逆竖昌言革命大逆不道》等语，密奏朝廷。时拿办密旨已下，会电报和驿站都发生障碍，明文未到，不好动身。同学李和甫（秉熙）先生的尊人雨田老伯（云贵）探知升允出奏之讯，因商诸先严，拟专差往开封送信。当时颇有人以为官家交通便利，恐于事无济的。但李老伯力主用可能的办法，以尽人事。由三原至开封，驿程计十四天，李老伯用重金雇了一个认识我的信差，限七天送到。信差如期到达开封后，不知我住在何处，正在寻问，适我因烦闷，与同学南石嵩到街头散心，不期而遇，遂当夜准备出走。李老伯事情擘划周详，因禹州有他所设商号，令我往避。但我早有赴上海的计划，所以天明即坐小车出城，径赴许州。倘再迟三个小时，缇骑即至，我就不及出走了。秦豫各地风俗，新岁贺年，客人的大红名片都贴在壁上。临行，我揭了名片二十余张，沿途遇人盘诘，即随手取一名片，以片中姓名应之，居然渡过难关。到了许州，坐在火车头的窝炭中，至驻马店，换车到汉，但此时名片也用完了。李老伯平时相待甚厚，以我贫寒力学，时加周济，此次出险，尤全仗其力，在这里特书以为纪念。又同时应试的王曙楼（文海）、王心芸先生（存厚）、朱仲尊先生（志彝）

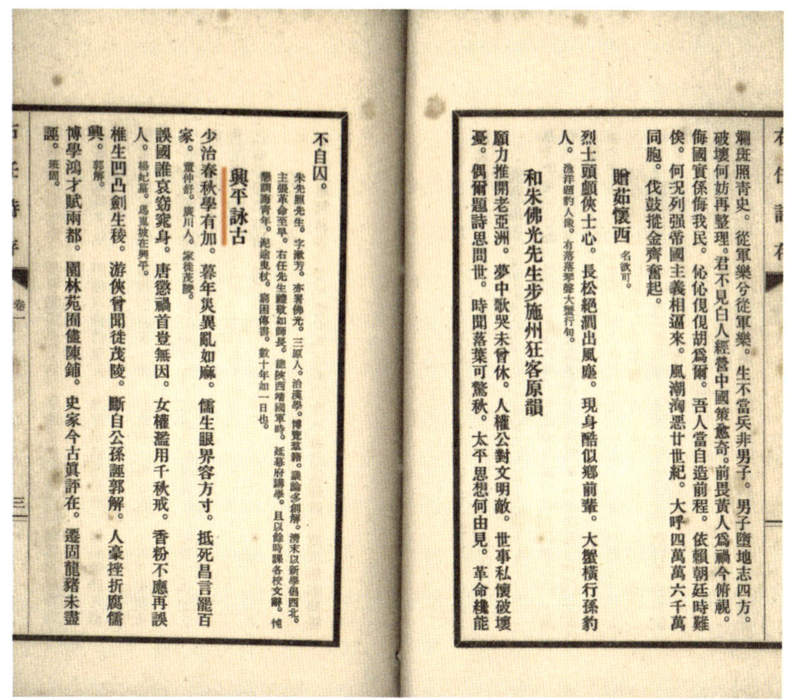

斕斑照青史。從軍樂兮從軍樂。生不當兵非男子。男子墮地志四方。破壞何妨再整理。君不見白人經營中國策愈奇。前畏黃人爲禍今俯視。侮國實係侮我民。伈伈俔俔胡爲爾。吾人當自造前程。依賴朝廷時難俟。何況列強帝國主義相逼來。風潮洶惡廿世紀。大呼四萬萬六千萬同胞。伐鼓撾金齊奮起。

贈茹懷西 名欲可。

烈士頭顱俠士心。長松絕澗出風塵。現身酷似鄉前輩。大蠻横行孫豹人。漁洋題豹人像。有落落拏聲大蠻行句。

和朱佛光先生步施州狂客原韻

願力推開老亞洲。夢中歌哭未曾休。人權公對文明敵。世事私懷破壞憂。偶爾題詩思問世。時聞落葉可驚秋。太平思想何由見。革命機能不自囚。

朱先照先生。字漱芳。亦署佛光。三原人。治漢學。博覽羣籍。議論多創解。清末以新學倡西北。主張革命至早。右任先生禮敬如師長。總陝西靖國軍時。延幕府講學。且以餘時課各校文辭。忡懸訓誨青年。泥塗曳杖。窮困傳書。數十年如一日也。

興平詠古

少治春秋學有加。暮年災異亂如麻。儒生眼界容方寸。抵死昌言罷百家。董仲舒。廣川人。家徙茂陵。

誤國誰哀竊寵身。唐懲禍首豈無因。女權濫用千秋戒。香粉不應再誤人。楊妃墓。馬嵬坡在興平。

椎生凹凸劍生稜。游俠曾聞徙茂陵。斷自公孫誣郭解。人豪挫折腐儒興。郭解。

博學鴻才賦兩都。園林苑囿儘陳鋪。史家今古眞評在。遷固龍豬未盡誣。班固。

右任詩存 卷一 三

《右任诗存》选页

都是我最要好的同学，自我离汴后，捕吏追至巩县，将他们羁留经月，几被株连。旧仆吴德，历受严刑，终未将我行踪供出，这都是我念念不忘的。到汉即时东下，舟次南京，潜行登岸，遥拜孝陵，感愤成诗一首：

虎口余生亦自矜，天留铁汉卜将兴。
短衣散发三千里，亡命南来哭孝陵。

这时于右任被缉捕归案并已斩首西安菜市场的消息，传遍三原乡里，有人劝房氏伯母暂时匿藏起来，以避株连，房氏却说："既然伯循已死，我复何所恋？母子同死，我亦甘心。"并托人去西安收于右任的骨骸，还嘱咐之曰："如伯循骨骸运回时，我已身死，可同葬其母墓中。"

戊戌变法那年于右任20岁，在伯母房氏和众亲友的操办下，与三原西关的高仲林女士结婚。而此时26岁的于右任与高仲林女士结婚已有六年，育有一女，名叫于芝秀（又名于楞）。没过多久，“飞毛腿”从开封回到三原，给提心吊胆的于家带回了于右任的确切消息，“飞毛腿”说于右任已安全脱险，可能已经到了上海，全家方才转悲为喜。

第三章 教育

少年于右任深切体会到农家子弟读书之艰难，到达上海后，立下『以百年树人之计，植民族复兴之基』的宏愿，矢志以教育兴国。

他希望通过教育改造中国社会、通过教育挽救民族于危亡，并身体力行创办了多所大学和中小学校，为中国教育事业的改革和发展做出了突出贡献，成为我国近代高等教育重要奠基人之一。

复旦孝子

1904年春，在河南开封应会试的于右任得知清廷秘捕之消息一路逃亡到十里洋场的上海滩，当时的上海号称“东方巴黎”，是整个亚洲乃至远东经济、金融枢纽，也是新文化运动的中心，新知识、新思想由此播向全国。风云际会的上海滩群贤迭起、枭雄辈出，在很多人眼里这里是成就万般梦想的地方，于右任早已对革命志士云集的上海神往已久，上海不仅是他躲避清廷通缉的地方，更是施展抱负、实现理想的地方。

然而现实总比想象的要残酷，这或许是“天将降大任于斯人也，必先苦其心志，劳其筋骨，饿其体肤，空乏其身……”一路的担惊受怕、曲折辗转，面对一心向往的上海，于右任却又举目无亲、囊中羞涩，初到上海的于右任只能寄居在法租界三茅阁桥一家破旧的小旅馆内，当他住下来的时候，摸摸口袋，全身上下只剩下仅有的三枚银元，为了节省开支，于右任每天只吃两个馒头，靠多喝水充饥，可是没过几天，他连支付小旅馆的费用也负担不起了，不得不打开行囊，想找几件御寒的衣物拿去典当，不料“喜从天降”从包裹里却掉出一枚银元，喜出望外的他将这枚“希望的银元”久久握在手心里，直到捂出了汗……

即使饥寒交迫、提心吊胆，依旧没有消磨掉这位有志青年的心志。萍踪靡定的于右任每日出门寻找事情做，以求谋生。天无绝人之路，努力的路上，总有意外的惊喜等候。贫困迷茫的于右任在街头偶遇了他在上海滩的第一个贵人——同乡吴仲祺。

两人叙谈后，吴仲祺力邀落魄的于右任住其家中。吴仲祺为陕西泾阳人，善文且精通武术，乃侠义之士，彼时亦客居上海。于右任后来在1951年题《吊吴白屋先生二首》诗中叙记此事："泾阳吴老字仲祺，其子知名号陀曼（即吴宓），父为大侠子学者，我亡命时蒙蔬饭……"

于右任寄居吴家不仅暂时结束了颠沛流离的生活，在吴家同时又结识了许多文化名流和革命党人，其中就有对于右任一生产生重大影响的恩师马相伯的学生雷祝三。当时，上海《申报》连日刊登了这个名叫于伯循的年轻人的通缉令。马相伯先在报上看到相关报道，担心其安全，也四处打听他的下落，在雷祝三的引荐下于右任秘密拜见了马相伯。

马先生爱惜人才，关切地问于右任："你愿意到震旦来读书吗？免你的学膳杂费。"于右任用浓重的陕西话回答："这太麻烦先生了，实不敢当。"马先生则说："余尽国民一分子之义务。"两人相谈甚欢，于右任激动不已，感慨万千。为防清廷耳目，于右任遂化名刘学裕（取留学于之意）入震旦读书。

于右任学习刻苦勤奋，深得马先生赏识，经常受邀请到马先生家里做客。于右任在震旦学院也结识了邵力子、叶仲裕、金怀秋等很多新同学。对于这个时期的际遇，于右任一直对恩师心存感念，他在1939年《牧羊儿的自述》一文中曾写道："到上海以后，受恩惠最重，得益最多的，是亡师马相伯先生。"

马相伯（1840—1939年），江苏丹阳人，生于天主教世家，1870年获神学博士学位并晋升神甫，1876年，因自筹白银两千两救济灾民，反遭教会幽禁"省过"，愤而脱离耶稣会还俗。之后，从事外交

1904 年于右任先生（左四）初到上海时的情形，中坐者为马相伯先生

和洋务活动，曾先后去日本、朝鲜、美国、法国和意大利等国，眼界大开，深受启迪。1899 年辞官回沪。他深感“自强之道，以作育人才为本；救才之道，尤宜以设立学堂为先”，决定毁家兴学。1900 年，马相伯将位于青浦、松江的 3000 亩田产无偿捐献给天主教会，作为创办“中西大学堂”的基金，以资助优秀青年就学。

1903 年，马相伯租用徐家汇老天文台余屋，以“中西大学堂”的理念，创办了我国第一所私立大学——震旦大学院（“震旦”为梵文“中国”之谓，含“东方日出，前途无量”之意），并亲自担任院长，梁启超曾著文祝贺：“今乃始见我祖国得一完备有条理之私立学校，吾欲狂喜。”

1905 年 3 月 7 日，震旦开学伊始，马相伯身体微恙，在校义务讲座的外籍传教士趁他休养之际推举法籍神父男从周为教务长，擅自改变学院教学方针，强制学生取消英语课，改学法语，查验学生的收费单，强制学生接受宗教课程……还强迫马相伯入院“养病”，全体学生哗然，在于右任的带领下学生们纷纷摘下校牌，集体愤然离校，并搬走教具图书等。

学生们离校之后便开始商讨复学办法，大家共推于右任、邵力子、叶仲裕、王侃叔、沈步洲、张轶欧、叶藻庭七人为筹备代表，商议复学事宜。他们暂租爱文义路（今北京西路）22 号为临时校舍，但马相伯先生决意创建新校，他广泛联系社会各界名流，募集资金，在此期间，办学遭遇重重困难，学生代表中分别有人开始放弃，去了美国、英国等地留学。于右任原本也打算出国学习，但想到复学之事迫在眉睫，马先生创办新校的决心又如此坚定，因此，他暂时放弃了负笈海外的想法，决定与恩师马相伯共进退。于右任协助马先生组建了包括严复、熊希龄、袁希涛等 28 人组成的校董会，共同募集建校资金。

1905 年 9 月 13 日，经过马相伯师生半年的奔走努力，他们征得两江总督周馥的批准，拨银一万两作为新校开办费，并出借吴淞提镇行辕衙署为临时校址。校名采纳于右任的建议，取《卿云歌》中“日月光华，且复旦兮”中“复旦”二字，校名定为复旦公学。有复我震旦之意，又含振兴中华之志。大家共推马相伯为校长，李登辉为教务长，于右任不仅为马相伯的秘书，还和邵力子、叶仲裕一同分担学校

马相伯 96 岁大寿留影，前排中坐者为马相伯，右排第 14 人为于右任。

行政事务。

1911 年，辛亥革命爆发，10 月，复旦公学的校舍被李燮和的光复军占为司令部，学校师生无奈只好暂迁无锡惠山李汉章公祠上课。可是不久，无锡光复，江苏宣告拥护革命，校舍又被军队占用，原来来自清政府的办学经费亦无着落，加之经费拮据，学校中辍，学生只好四散。

1912 年，中华民国临时政府在南京成立，时年 34 岁的于右任正式就任南京临时政府交通部次长之职。1912 年 5 月 5 日，南京临时政府教育部通告各省：大局初定，速令高等学校、专门学校开学。复旦同学纷纷请他帮忙复校，于右任亦对复校之事念念不忘，于是邀集复旦校友胡敦复等 42 人起草题为《于右任等呈孙中山恳拨经费复办复旦公学（1912 年 3 月）》的呈文，上书临时国民政府教育部。呈文先行叙述了“复旦公学，开办七载，成绩昭著，海内景从”的事实，然后说明“（校舍）光复军队借作机关部，青年三百，一时星散，官费旋亦中止，遂至停办”的现状，进而提出两点要求，其一“咨请江苏都督，指拨图书公司或李公祠改作黉舍”，其二“仰恳大总统酌拨经费若干，以资开办”等语。孙中山即责教育总长蔡元培督办。蔡元培当即在“呈条”上批示：“准予立案，校舍一切，如呈办理”，并责令江苏代理都督庄蕴宽承办。上海县民政长吴馨奉命彻夜查明屋舍存量，告复：“李公祠（今复旦中学）屋宇较多，可敷复旦校舍之用”。但是当时革命军里黄郛所部有一营士兵驻扎其间，后经于右任四处奔走，反复游说，黄郛部方才在 1912 年夏撤出李公祠，校舍随之落定。之后，于右任、马相伯、邵力子、胡敦复等 7 人共同发起，筹组校董会，并聘请孙中山、蔡元培、陈其美等为校董。至此，复校筹措事宜均已就绪。同年 9 月，几经磨难的复旦，终得以复学。

1917年复旦公学改名为私立复旦大学。是年11月3日，当时复旦校长李登辉与秘书长金通尹提出辞职时，于右任以复旦校董会代表的身份出面挽留，才使李登辉打消辞意。

1905年复旦大学老校门

1930年，复旦大学25周年校庆时，为了感谢于右任先生为复旦所做的贡献，复旦大学特颁赠于右任复旦名誉法学博士学位称号。

1931年，“九一八”事变，国难当头。1932年11月起，马相伯连续四个月共发表了12次国难广播演说。1935年12月12日，上海文化界组织救国会公推马相伯为救国领袖。马先生书函与上海复旦同学会，语重心长道：“国无宁日，民不聊生，老朽何为，流离异域。正愧无德无功，每嫌多寿多辱！救国重于祝寿，当团结御侮，愿拼老命和爱国人民一道抗日救亡。”复旦学子遂前赴后继献身抗战，五次赴南京政府请愿，国民政府不仅消极抗战，还对复旦师生采取对策，拟将复旦迁至无锡至宜兴公路之间的大雷嘴空旷地带，使复旦远离上海，以便分而治之，便于控制，只是由于后来抗日战争爆发而未及实行。

1937年，抗日战争爆发，日军进攻上海，复旦先迁至江西庐山，后芜湖失守，九江告急，年底，复旦继续西迁至重庆，师生暂住菜园坝复旦中学。迁抵重庆后，由于学生大部分来自沦陷区，无力缴纳学费反而需要学校救济，复旦经费陷入极其困窘的地步，当时国民政府又拟将复旦与江苏医学院合并，更名为“江苏大学”，无形中将“复旦”消弭其中。消息一经传出，复旦师生一致反对，认为“复旦”历

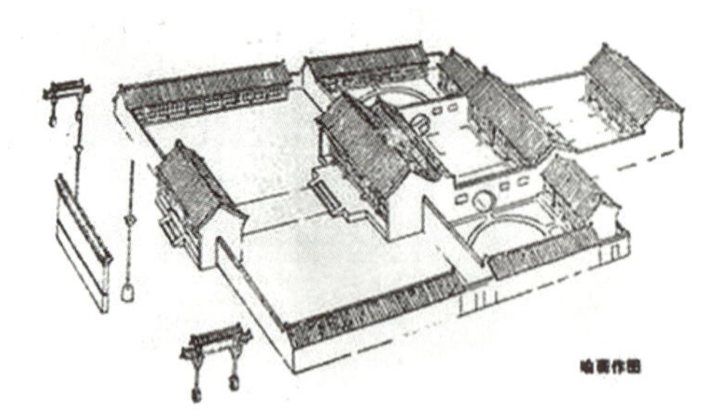

复旦大学吴淞时期校舍复原图

复旦大学

史悠久，具有革命传统，坚决要求保留“复旦”校名。于右任当时官至国民政府监察院院长，系复旦级别最高的校友，他全力支持复旦师生的要求。面对当时局面，于右任四处奔走，游说各方。

1941 年 9 月 17 日，于右任亲自在重庆嘉陵宾馆主持在渝复旦校董会议，具体商定了复旦改为国立的条件和保留校名问题，校董同仁一致表示赞同。10 月，重庆国民政府行政院开会，时任行政院院长的蒋介石亲自主持会议，并邀诸院院长参加，于右任在座。当原定议程进行完毕时，蒋介石按照惯例问一句“大家还有什么事？”若无人吭声，即告散会。当时蒋介石话音刚落，于右任即欠身发言：“复旦大学拟改国立一事，早有报告送陈（立夫）部长，现在是否讨论一下？”蒋介石猝不及防，只得随口说：“可以。”于是令陈立夫将复旦的报告简述一遍。蒋介石环视会场：“你们有何意见？”众人因无思想准备，即使有异议，亦不宜在蒋介石面前唐突而言，再则若持别论，于右任肯定不悦，故而全场一时沉寂，哑然无语。蒋介石见无人说话，便就势说：“大家没有意见，就算通过！”

在于右任的努力下，复旦大学改为国立并保留校名一事，得以顺利通过而定案。1941 年 11 月 29 日，国民政府主席林森、行政院院长蒋介石及教育部部长陈立夫联名发布命令：私立复旦大学改为国立。于右任兴高采烈地挥毫书写“国立复旦大学”六个大字，悬于重庆北碚该校门楣。1944 年抗战胜利前夕，于右任为表彰复旦学生奔赴前线抗日，特赠从军学生“抗倭英雄”锦旗一面。不仅如此，为了鼓励复旦师生继续牢记已故校长马相伯以“不读书不足以救国，不研究深邃科学，更不足以救当前之中国”的教言，他还在复旦设立奖学金，并亲自到复旦讲学，激励复旦学生为中华民族的崛起而努力读书。他告诫学生：“临渊羡鱼，不如回家结网。”指出只要“国人能秉马相伯先生努力读书之诫，则中国必有长足之进步。”1945 年 8 月抗战胜利后，复旦大学迁回上海江湾。1946 年 6 月 10 日，于右任、邵力子等受邀到复旦大学子彬院演讲。演讲间隙，于右任题写“国立复旦大学”六字，后悬于江湾复旦校门。

由于以上三件主要事迹，历届复旦校友称于右任三救复旦于水火，并亲切地说于右任是“复旦孝子”。

筹办公学

1905 年 8 月，由孙中山领导的中国同盟会在日本东京宣告成立，大批中国留学生纷纷加入同盟会投身革命。为了便于监控和管理留学生，防止他们被革命党策反，大清国驻日本大使杨枢与日本政府交涉，同意日本政府出台一个管理大清国留学生的规定。同年，日本政府颁布了一个旨在侮辱、禁绝清国留学生的《取缔清国留日学生规则》，从而将教育问题演变成一场激烈的政治反抗运动。进步学生陈天华悲愤投海，11 月，许多留学生不甘日本政府的压迫侮辱，为了反对日本文部省颁布的这条“取缔规则”，东京八千余名中国留日学生罢课抗议，其中三千余人退学回国。

1906 年 2 月，因大批留日学生返抵回国，多滞留上海，没有着落，在同盟会上海分会会长蔡元培等人的支持下，13 省留日学生在沪召开会议，决定创办中国公学，专门收容中国留学生，使他们得以继续完成学业。此时，正在紧张筹备《神州日报》发行工作的于右任也作为复旦公学的代表出席了会议，并成为发起人之一，他积极参与中国公学的筹划事宜，后在上海北四川路横浜桥租民房为校舍。4 月 10 日，中国公学在上海正式开学。开学后，共招收来自 13 个省份的学生 318 人，分大学班、中学班、师范速成班、理化专修班。中国公学成立之后，百忙之中的于右任同时兼任复旦公学和中国公学两校国文讲习。创办中国公学这一年，于右任只有 27 岁，人们称赞他为青年办学人。

之后，清政府拨吴淞炮台湾公地百余亩，大清银行借银十万两，为中国公学建设新的校舍。1909 年，吴淞中国公学校舍在炮台湾落成，因迁址而与复旦公学咫尺比邻，于右任说："两校同人相处密迩，哀时念乱，志事相同，而余复以复旦学生兼中国公学国文讲席，师生切靡，关系益切。"

中国公学吴淞本校的远景

中国公学的礼堂前正面图

中国公学的校舍正面图

上海吴淞中国公学开办不久，因经费不足，几近解散。中华民国临时政府成立后，幸得孙中山、黄兴扶持。此后，吴淞中国公学逐渐发展成包括文、法、商、理四院 17 系的综合型大学，并增设了中学部。1915 年，北京国民大学与上海吴淞中国公学合并，称中国公学大学部。1917 年 3 月 5 日，北京中国公学大学部改名中国大学，学校迁入北京西单二龙坑郑王府（新皮库胡同乙 12 号）新址。同年，上海吴淞中国公学停办。1919 年中学部恢复，1922 年升为大学。1932 年毁于日军炮火，被迫停办。1933 年，师生撤退到法租界赵主教路（今五原路），借褚辅成办的上海法学院教室复课，重新开办。1936 年，由国民党政府教育部勒令停办。

上大校长

1922年春，当时东南高等师范专科学校校长王理堂以“提倡新文化”为广告，假借陈独秀、邵力子等知名学者的名义招生敛财，实则条件简陋，师资匮乏，不具备办学资质，开学之后，引起学生们的不满，因此，他们赶走校长，一起商议请一位具有声望的文化名人或者教育者来担任他们的校长。于是，学生代表拟推荐陈独秀、章太炎、于右任其中的一位来接管学校，担任他们的校长。

1922年8月，陕西靖国军失败后，情绪极为低落的于右任由陕返沪协助孙中山进行中国国民党的改组工作。靖国军的失败，也使于右任深感教育救国之重要，他连续在报纸上发表数篇文章阐述教育之重要性，他总结道：“以兵救国，实志士仁人不得已而为之；以学教人，效虽迟而功则远。”

由于陈独秀行踪不定，章太炎闭门谢客，只有于右任当时居于上海，于是，学生们通过当时《民国日报》副刊《觉悟》的主笔邵力子联系于右任，邵力子表态一定会去敦请于右任应命。之后，学生代表们也专门到于右任的住处登门恳请。于右任被学生代表的殷切恳求所感动，同意接受邀请，建议把校名改为上海大学，并亲自题写了校牌。

1922年10月23日，于右任和邵力子驱车前往上海大学进行考察，上海大学师生们为于右任举行了隆重的欢迎大会，于右任在会上致辞：“予自陕西回沪，极欲投身教育界，但予乃愿为小学生以研究教育，非好为人师，因予自审学力不足，诸君改组大学，前途艰巨，非予

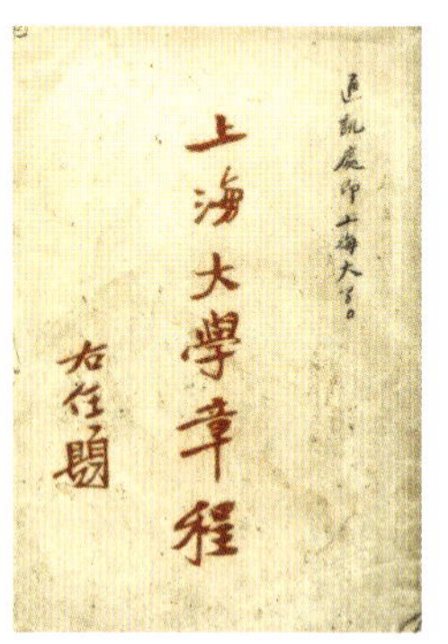

1922 年上海大学　　于右任题上海大学章程

所能胜任，予实不敢当校长。但诸君如此诚意，念西哲言互相主义，自动植物以至野蛮人类皆能互助，何况吾辈为有文化之人，自当尽力之所能，辅助诸君，力谋学校发展。”

同日，《民国日报》登出于右任出任上海大学校长的启事：

> 本校原名东南高等师范专科学校，因东南两字与国立东南大学相同，兹从改组会议议决变更学制，定名为“上海大学”，公举于右任先生为本大学校长。此布。

办校之初，百废待兴，需要大量经费和教师，于右任两手空空，难乎其难。再加上他当时正在协助孙中山进行国民党改组工作，时常奔走于广州、北京等地，难以将全部精力放在学校。为了使上海大学能够得到更好的发展，他希望能够得到共产党人的帮助。

当时正值中国共产党二大以后，提出了“民主的联合战线”。孙中山也决定与中国共产党合作，改组国民党，推进国民革命。于右任赞成国共合作，他认为：“社会党（指中国共产党）乃吾国新起为政治活动之党。吾闻其党多青年，有主张、能奋斗之士。”“不得不寄厚望于他们。”这就形成了国共两党人士真诚合作、共同办学的良好开端。那时，像邵力子、陈独秀等很多革命人士既是共产党员，也是国民党员。当时，孙中山和一些国民党人因在军事和政治上屡遭挫折，于是倾心于文化教育事业，以期培育人才，聚积革命力量。而中国共产党尚处于幼年时期，也急需培养青年干部，以开拓革命事业，十分重视国民教育。

1923 年 4 月，李大钊根据共产国际指示，从北京来到上海会见孙中山。于右任和邵力子以个人身份在福州路同兴楼一家京津菜馆请李大钊便餐，希望李大钊用北京大学的办学经验来指导上海大学。李大钊表示国共两党正在酝酿合作，希望上海大学能够成为两党合作的成功范例，为了培养出革命需要的优秀人才，应当开设办好社会学系。他当即推荐邓中夏担任总务长，瞿秋白担任教务长和社会学系的系主任。

1922 年于右任接待爱因斯坦夫妇的合影

1923年8月8日，学校召开全体教职员会议，议决组织上海大学评议会，决策全校重大事务。于右任为主席评议员，邓中夏、瞿秋白、陈望道、邵力子、陈德征等九人为评议员。8月11日，于右任在上海大学特设了董事会，孙中山任名誉校董，蔡元培、汪精卫、李石曾、章太炎、张继、马玉山、张静江、邵力子、马君武等为校董。

1923年12月5日，上海大学评议会审议通过《上海大学章程》，并根据章程制定《上海大学章程细则》，对校务重大事宜及各项工作做出详细规定。是月，评议会改为行政委员会，于右任亲自兼任行政委员会委员长。

邓中夏和瞿秋白的到来使上海大学注入了新的能量，他们以“养成建国人才，促进文化建设”为宗旨为学校制定了新的办学方案和教学方针，改革教育制度。陈独秀亲自参加筹划，先后邀请大批的优秀共产党人——蔡和森、恽代英、安体诚、张太雷等到上海大学任职任教。并经常举办星期演讲会、夏令演讲会，邀请孙中山、陈独秀、李大钊、汪精卫、胡汉民、廖仲恺、戴季陶、吴稚晖、章太炎、郭沫若、胡适、郑振铎、叶圣陶、马君武等名流学者到校演讲。一时上海的共产党员、团员和工会活跃分子等云集上大，使马克思主义的传播迅速从校内扩大到校外。军阀政府密探无可奈何地说：“上海大学学生数不清。”

1923年4月15日，李大钊在以《演化与进步》为题的演讲中号召年轻人确立马克思主义历史观，并以此为指导，“快快乐乐地创造未来的黄金时代”，11月，李大钊又分别作了《社会主义释疑》《史学概论》《劳动问题概论》等演讲，对社会主义、马克思主义唯物史观以及资本主义和工人阶级等问题做了深刻的剖析和阐释，鼓励青年学生奋发向上，大胆改造中国社会，努力实现社会主义制度。李大钊

于右任与胡适合影

的讲演深入浅出，热情洋溢，深受青年学子的欢迎，《民国日报》副刊《觉悟》将其演说整理并刊发，影响逐步扩大。

当时以马克思主义科学理论为主导的社会学系成为上海大学的特色，吸引了全国各地希望探索革命真理的有志青年前来就读。1924年2月，上海大学学生总数从160人增至400人，校址迁到西摩路

290 号（今陕西北路南阳路口）作为第一院，对面的时应里（今陕西北路 299 弄 4－12 号，原建筑已拆除，今恒隆广场位置）作为第二院。老师们鼓励学生将革命理论和实践相结合，深入社会了解中国当时的现状，许多学生一面读书，一面从事校内外各项革命活动，形成有秩序而又生动活泼的学习生活。

1925 年 5 月 30 日，震惊中外的五卅运动在上海爆发，上海大学师生战斗在反帝反封建第一线，共产党员、学生何秉彝在五卅惨案中英勇牺牲，十余名学生受伤，100 多名学生被铺。五卅运动后，上海大学接受了一批退出教会学校和被校方开除的进步学子。6 月 4 日，英国海军陆战队强占上海大学校舍。次日，学校借老西门勤业女子师范学校为临时办事处。6 月 8 日，租西门方斜路新东安里 18 号为临时校舍。7 月中旬，为办理新生报到事宜，租用中兴路德润坊设为上海大学临时校舍。此时上海大学学生已达 800 多人，附设平民学校和青云学校。8 月上旬，确定青岛路师寿坊（今青云里 167 弄，今上海海运局青云路宿舍位置）15 幢民房为校舍，并于 9 月上旬开学上课。

1927 年 4 月 1 日，于右任等校领导依靠募捐所得经费，上海大学在江湾购买地皮盖了新校舍，令人惋惜的是，11 天后，发生“四一二”政变，国共合作破裂。5 月 2 日，淞沪警备司令杨虎和陈群大肆搜捕进步师生并查封上海大学，部分师生转入国立武昌中山大学，上海大学的新校址被改为国立劳动大学。1932

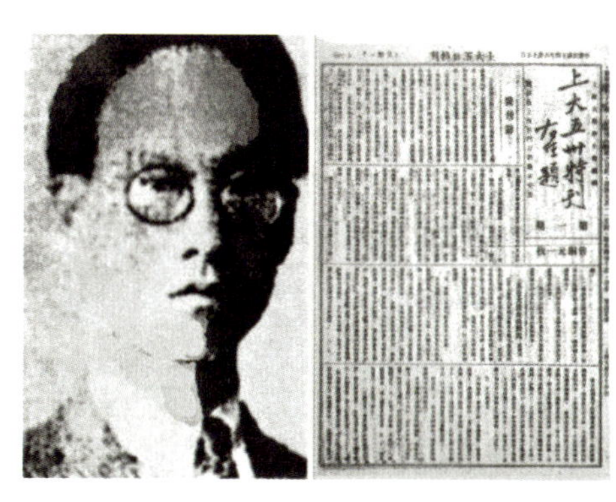

何秉彝烈士及《上大五卅特刊》

年一·二八事变中，江湾校舍也被日军炸毁。

上海大学建校共四年七个月，六迁校址，颇多周折，虽时间短，困难多，却为民族、为革命培养了大批优秀人才，在大革命时期曾盛传“文有上大，武有黄埔”的美誉。到了北伐前后，上海大学实质上已成为中国共产党领导下的一所培养全方位人才的大学，涌现了一批职业革命家、理论家和文学、史学大家，包括王稼祥、秦邦宪（博古）、杨尚昆、阳翰笙、何挺颖、郭伯和、戴望舒、孔另境等。

办学初期，上海大学曾被嘲笑为“野鸡大学”，于右任不屑一顾，说：“野鸡投宿榛莽，因其无家可归。上海大学就是革命者的逋逃薮，一切革命青年尽当收容，当然不同于一般大学。”1924 年 4 月，于右任回顾创办上海大学的点点滴滴，感慨道：“以往成绩计之，校史虽短，进步则速。此皆前评议会与今行政委员会暨教职员诸君子之努力所至也。”“‘合抱之木，生于毫末；千里之行，始于足下。’右任不自量，愿随诸君子后，竭毕生之力以赴之！”

于右任执掌上海大学后，虽没有长期坐镇学校，但为上海大学的建设和发展付出了不少心血，积极为学校及师生争取利益。1924 年 1 月国民党一大曾决议每月补助上海大学 1000 元，于右任还在国民军内募集办学资金。1925 年广东革命政府决定拨款两万元资助上海大学在江湾建设新校舍。孙中山也给予大力支出和关心，在黄埔军校和国民革命军中启用大量上海大学的师生，其中经于右任介绍由上海大学转入黄埔军校的学员多达 76 名。

五卅惨案发生之后，于右任当时正在北方从事革命活动，闻讯立即赶回上海，表示坚决支持全校师生和人民的正义斗争。他对报界发表谈话说：“予在河南时，即闻‘五卅’事件，一到上海，又闻上海大学被封。上海大学曾屡被租界当局搜查，皆无所得。租界当局之所以独与上海大学为难者，大致不外二因：一系帝国主义者嫉妒中国民族运动之发展及正当学术团体之兴盛；一系学校内部有少数败类（指国民党右派）向租界巡捕房捏辞告发，以快其破坏学校之私图。此次上海'五卅'事起，全国一致反抗帝国主义侵略暴行，租界当局以过激为借口，诬陷全国民众，并诬陷上海大学。据学生报告，当外兵闯入搜查，偶见书中马克思相片插图，即恨入骨刺，及查无所得，则误认讲义、教科书为煽动文章，捆载而去。盖工部局西人多不知华文，由日人为其翻译，见有陈独秀、施存统等名字，即指为共产党证据。令人失笑！前日报载，尚有共产党在英国开大会之消息，即真属共产党，在英国尚能公开，而在中国则用此名义到处污蔑，英租界当局其何以自解？"

同年 6 月，于右任和邵力子在西门路少年宣讲团驻地紧急召开上海大学教职员工和全体学生大会。他激动地说："吾星夜赶回，将努力参加此次反抗运动，不但救援本校被捕学生，且将援助市民斗争。反对帝国主义取消不平等条约之口号，中国人人均当赞成。吾人当广为宣传，使一般民众贤能努力参加运动，达到解放全中国之目的！"

国民政府教育部一直不承认上海大学学生的学籍，致使上海大学学生曾在就业、晋升等方面遭受到不公平的待遇。于右任为了争取上海大学学生们的学籍资格，与国民党当局一再交涉，经过反复斡旋，终于在 1936 年 3 月在国民党中央常务委员会第八次会议上，通过了"追认上海大学学生学籍"，并与国立大学享有同等待遇的议案。

在三原，明代王恕、王承裕父子和马理（谿田）先生开一代学风，成为有名的"三原学派"；清末"国子监学正"贺瑞麟是有名的"程朱派"；朱佛光先生以科学与经学并重教授学生而著称关中；被誉为"西北奇才"的于右任，更是有志于教育事业，成为民国史上重开三原学风的先驱。于右任为在社会上和学校内形成争取上进的良好风气，倡设奖学金，并捐资设立“右任奖学金”，由县教育局约聘地方名流组成“于右任先生补助国内各大学三原学生学费经理委员会”，对本县在国内各大学学习成绩优异者择优授奖。1936年，全县在校大学生八人中，就有五人得到奖励。现在海内外工作的一些三原籍老先生，不少人都得过“右任奖学金”。

力农西北

1927—1930 年，西北地区连年旱灾，赤地千里，饿殍遍野，三秦大地满目疮痍，1929 年陕西 250 万人活活被饿死，40 万妇孺被卖出省外，成千上万的饥民在田野搜寻草根、树皮充饥，乃至挖掘坟墓，盗卖陪葬物品以度日，甚至出现了易子而食的惨状，犹如人间地狱。连于右任伯母房太夫人之墓也未能幸免遭人盗掘，于右任哀恸逾恒，想到灾情严重，定是灾民不得已而为之，仍复电勿要追究。同年，于右任回乡赈灾扫墓时痛心不已，写下了“发冢原情亦可怜，报恩无计慰黄泉。关西赤地人相食，白首孤儿哭墓年”的血泪诗句。

《大公报》在 1929 年曾报道陕西灾情，曰“食人惨剧，愈演愈烈。一部分灾民，自民国十七年（1928 年）以来，恒以人肉充饥。初则割食无名死尸，后虽家人父子之肉，亦能下咽。”

美国著名记者埃德加·斯诺在《西行漫记》中写道：“……我看到成千的儿童由于饥饿而奄奄待毙，这场饥荒最后夺去了 500 多万人的生命！那是我一生中觉醒的转折点；我后来经历了许多战争、贫穷、暴力和革命，但这一直是最使我震惊的经历……”

1929 年 7 月，恰值于右任长子于望德在上海举行婚礼。他将儿子的婚礼致辞变为赈灾募捐动员大会，他说：“本拟早日回陕看看灾情，因足病未能即行，并非在沪上等待儿曹的婚礼。吾已决心遄还陕西，抱与家乡父老兄弟饿死则同饿死为宗旨，并谢亲友送礼为陕助赈之热诚。”满座宾客，无不动容。婚宴结束，他将来宾的贺礼悉数变卖，全部作为赈灾款带回陕西。

8月，于右任回陕行前对上海《新闻报》记者发表谈话："予此次启程赴陕，其目的完全办理西北赈务，与军事、党务、政治，均无关系，外传云云，殊不足信。一俟赈务稍告结束，二三月内即行返沪。顷天津张季鸾先生有电来沪，询余何日启行，予已将复电草就，子读之，即可明了一切矣。"之后，于右任以草电授记者，其文云："《天津大公报》，北平陕甘赈务委员张季鸾先生鉴，来电询何日归陕，此真急死人也。时不需我，我独康健。今则西北饥荒正在吃紧之时，我则脚病闹个不了，何时赶归。蒋主席在京时，曾在陵园为其说明欲归之意，谓此行完全为西北赈务，其他军事、党务、政治，丝毫不欲参与。并谓多年工作西北，当饥年苦战时，每每要求地方父老子弟帮忙，谓革命成功，如何利益。今则父老子弟饿死者数百，此罪此责，俱不能辞。存亡与共，良心始安。昨天来上海就医，据医者云：痊愈需十日左右。我意已决，稍愈即起身矣。"

看到家乡人民遭受大灾的惨痛情景，于右任触目惊心，悲苦万分，又再次匆匆赶回上海为家乡灾民开展募捐活动。1931年1月18日，于右任自陕返回南京，19日，在国民党中央党部总理纪念周报告了陕西灾情之惨重，为近三百年来所无，而地方军阀，为害尤烈。他为民请命，大声疾呼，请求当局实施救助，先后向关中20个县发放赈款11次。

于右任一生情系桑梓，关心百姓疾苦，除了慷慨解囊和呼号奔走，他还做了无数利国利民的实事。早在靖国军时期他就提倡教育、规划水利，不遗余力地发展民生，他相信只有科学治农才能解民倒悬之苦，遂发出了"开发西北""兴农兴学"的呼吁。大旱之年，很多外省人急于抛售自己手中的土地，于右任以自己祖遗和本户族人的 300 亩土地为基础，并用公平价钱购进湖北等地客户转售的土地千余亩，于 1931 年创办了“斗口村农事试验场”，请专人向农民免费传授农耕新技术，繁殖农业新良种，举办农技训练班，低价供应良种，培育果树等。这块陕西最早的农林业生产试验基地，对关中地区乃至全国产生了重大影响，是陕西乃至整个西北农林业近代化的较早探索。

1934 年，于右任为了表明办场为公为民的宗旨，亲自撰文，在农场立石刻碑，以昭示后人。文曰：

> 余为改良农业，增加生产起见，因设斗口村农事试验场。所有田地，除祖遗外，皆用公平价钱购进，我去世后，本场无论有利无利，即行奉归公家，国有省有，临时定之，庶能发展为地方永远利益，以后于氏子孙愿归耕者，每家给以水地六亩，旱地十四亩，不自耕者勿与。

“我生无田食破砚”是刻在于右任所用石砚上的一句铭言。砚底尚有“于右任日用砚，扬文献珍藏之”等语。如果把这句铭言只理解为主人清贫如洗，依靠卖文糊口，那就失诸肤浅了，笔者以为，“无田”“食破砚”都是于老自谦之辞，本意旨在倡导为政清廉、自食其力的美德，并表明坚持以文笔为利器，辛勤耕耘、终生不辍的决心。于右任身居要职将近半个世纪，过手的钱财，少说也以数亿元计。但他终身不置私产，对公益事业却全力以赴。以 1930 年他创办斗口村农事试验场为例，农场土地 1300 多亩，除 300 亩是于家祖遗外，其余都是用公平价格购买的。为避免日后纠纷，于右任在建场后的第三年即亲书碑记，言明：“我去世后，本场不论有利无利，即行奉归公家；国有省有，临时定之。”“以后于氏子孙，有愿归耕者，每家给以水地六亩，旱地十四亩。不自耕者，勿与。”1981 年，于右任之孙于子侨从美国返乡，看了碑文，风趣地说："谨遵祖训，我不能回来自耕，没我的份。"这些事迹，如果作为"我生无田食破砚"的注脚，不是很能发人深思吗？

于右任在统领靖国军时期，第三路司令杨虎城当时在乾县迤北的铁佛寺打了一场漂亮的伏击战，当地群众皆来道贺，谈到武功乃夏、商、周三代以来的农业发祥地，而近代西北农业凋敝，人民疾苦，应振兴农业以济民生，只要局势稳定，力所能及的时候，一定要在武功创办一所专业的农业学校。这个设立农校的最初设想在靖国军结束，于右任返沪和杨虎城移军陕北之后就暂时搁浅了。

直到 1931 年于右任回陕赈灾，时任陕西省政府主席的杨虎城接待，于右任重提当年设立农校之事，笑问杨虎城："咱们当年对人民答应的那件事，现在怎么办？"杨虎城答道："咱们现在给人民还愿。"于右任高兴地请当时在场的马文彦作证，杨虎城也随即请南院门照相馆的人前来拍照留念，以表决心。

这年的一天夜晚，回乡探亲的于右任先生请杨虎城将军到三原县城西关民治小学观看师生们排演的话剧《一元钱》。

于右任率领筹备小组合影

杨虎城问导演李先生："这剧是什么时候排的？"李先生回答："去年春上，我们民治师生仰慕董事长右任先生赈救陕西灾民的苦心，为募捐排的！"杨虎城敬重地看了于右任一眼，轻轻点了点头。

演出开始了，演员的服装十分精美。杨虎城不解地小声问身旁的一个女学生："你们哪来这么好的衣料？学生轻声回答："于伯伯的养母去世那年，收到的挽幛层层叠叠，优质绸缎多得很。我们演出没服装，就去找于伯伯要挽幛。于伯伯立即答应说：'好事！卸去，看上啥卸啥。'就卸了几大摞，请裁缝做了演出服。"杨虎城又敬重地看了于右任一眼，轻轻点了点头。

杨虎城看着看着入了迷。剧中《教子》一场的剧情，和他少年时的境遇像极了，想起少年时的惶日月，他感动得流下了热泪。演出结束后，师生们征求意见，于右任捋着长胡子说："很成功！要不，我们的英雄咋会落泪呢？"

于右任又一次为了办学奔走呼号，游说各方。当时，上海劳动大学有内迁之议，各方人士力争，杨虎城闻讯赶到上海与于右任商议，望能迁往陕西，于右任依靠他的声望和地位，力排众议，终于通过了将该校农学院全部迁往陕西的议案。

1932 年秋，国民政府批准了于右任等人提出的筹备建设西北专门教育委员会，任命于右任、杨虎城等十五人为筹备委员。同年 12 月，该机构更名为建设西北农林专科学校筹备委员会，公推于右任、张继、戴季陶三人为常务委员，该委员会办公地点设在当时的南京国民政府教育部。

1933 年 1 月于右任手拄拐杖，身着粗布棉袍，不顾风雪，亲率建校筹备人员查勘校址，最终选定在武功县张家岗，即现在的杨凌。他说："武功是周武王伐纣用武成功而命名的。《诗经》上说：'周原膴膴，堇荼如饴'，就是说这里土地肥沃，野菜如糖。周的先人后稷，就在这个地方教民稼穑。武功原有后稷庙，纪念这位农业的创始人本是

于右任勘察西北农林专科学校校址

于右任为西北农林专科学校题写“农专”二字

有意义的。我们在这里创办一所农学院，以纪念这位农业专家，就更有意义了！”

1934 年 3 月，西北农林专科学校筹委会公推于右任为校长，“于以事实关系，虽未到校就职，但一应工作计划，仍以常务委员名义指挥进行。”4 月 20 日，在张家岗校址举行了大楼奠基典礼，宣布西北农林专科学校成立，这标志着中国西北地区第一所高等农业学府成立。1936年7月，筹委会结束工作，辛树帜被任命为校长。后于1937年确定，每年4月20日为校庆日。

西北农林专科学校

1938年7月，奉教育部令，西北联合大学农学院、河南大学农学院畜牧系与该校合并，组建为国立西北农学院。国立西北农学院解放后更名为西北农学院。1939年4月，西北农学院正式成立，同年招收四年制本科生和两年制专科生。

1979年10月，西北农学院林学系迁出，扩建为西北林学院。1985年经原农牧渔业部批准，学校更名为西北农业大学。1999年9月11日，西北农业大学、西北林学院、中国科学院水利部水土保持研究所、水利部西北水利科学研究所、陕西省农业科学院、陕西省林业科学院、陕西省中国科学院西北植物研究所等7个教学、科研单位合并组建为西北农林科技大学。现为教育部直属全国重点大学、国家“985工程”和“211工程”重点建设高校。

人们至今还能在西北农林科技大学的校园老建筑中，找到于右任亲手书写的，镌刻有“农专”字样的奠基砖，字迹笔锋遒劲、从容大气。为了追忆于右任，2014年9月12日于右任雕像在西北农林科技大学落成，他的功德和精神将和这所学校永远流传后世。

创办民治

1918年8月，于右任由沪回陕主持陕西靖国军，他在主持靖国军时期尤为重视发展教育事业。任职伊始便在司令部特设教育处，对地方教育和军队宣传教育两手抓，大力宣传民主革命和新思想，不仅促进了当地师生和人民群众的思想解放，军队将领中也形成了浓厚的学习氛围。

这年，于右任在给孙中山的信中说到："右任近颇从事新教育之筹划，及改造社会之讨论；于无可为力之时，作若可有为之计。"孙中山对于右任通过教学来改造社会，兴办教育的举措给予肯定和满意的态度，他在回信中说："顷接手书，知近从事新教育之设备及改造社会之筹策，于干戈扰攘之秋，犹能放眼远大，深维本根，远道闻之，深慰所望。"

于右任在三原创办的第一所学校就是民治小学校。于右任与这所学校的缘分要从1899年陕西旱灾说起。当时饥民鸠面，饿殍遍野，时任提学使督学陕西的沈淇泉从江南各地募得赈灾款项回三原县城开办粥厂救济灾民，希望寻得一位年轻有为之士来主持相关事宜。宏道书院的院长孙芷沅推荐了当时正在书院读书的于右任。于右任初出校门，看到灾民啼饥号寒的惨状，更加努力工作，由于过度劳累，竟使他生了一场大病，这项工作直到次年新粮成熟才算完成。于右任也因在救灾工作中的突表现出而被保送至陕西中学堂深造。

粥厂解散后，三原西关开明人士在这里办了一个小学堂，叫西关小学。但是由于战乱、灾荒，陕西的教育也和其他工商各业一样因大局动荡，鲜有振兴。1916 年暑假时，这个学校只有 18 名学生，加上年久失修，濒临关闭。同年，于右任回乡省亲，有群众代表陈情求助，于右任得知此情后慷慨允诺，接办了这所学校，取名为三原县第三国民学校。他自筹经费买下周边私人房产，扩建校舍。1917 年学校学生增至 42 名。1918 于右任主持靖国军期间，时常询问学校办学情况，帮助解决学校实际困难。1919 年他又出资为学校修建了一所教室，学生增至 110 多名，教员由原来的一人增至三人。1920 年为了响应民主革命，于右任为该校改名为“民治小学校”，并亲手书写校牌。学校建成后，于右任一不要产权，二不愿冠以“私立”字样，此事被三原百姓交口称誉。

于右任在三原创办的民治小学

学校在于右任的关怀下，学生年年增加，教师年年增聘，为了加强学校的领导与管理，于右任请其在毛班香私塾的同学王麟生出任校长。之后，于右任又出资为学校增加了数间教室，以便容纳更多的学生。

1921 年 9 月 21 日，胡景翼等在三原召开了“国民会议”，宣布取消陕西靖国军的名义，接受直军改编，时任靖国军总司令的于右任处境十分困难。他被迫离开靖国军司令部，退居三原民治小学，当时的他终日独坐危楼，泪洒戎衣，悲愤地写下了《民治学校园纪事诗》。

1921 年冬，于右任赴武功与杨虎城修整军事，王麟生出任略阳县县长，民治学校校长一职由张文生接任。学费经费拮据时，张文生持于右任介绍信或借于右任名义到处奔走募捐，方使学校勉强维持下去。于右任鼓励学校教师要坚持下去把学校办好，他在给王麟生的信中说："就是穷得卖字，也要支撑这所学校。"

1922年前后，在于右任和学校教职人员的坚持和努力下，学校已扩建教室10余间，房舍30余间，并增设图书室，配置了教学仪器，教员达30余人。

1935年，于右任接受学校提议，计划购地扩建民治初中，遂请上海建业公司在三原修起了第一座两层的教学大楼，上下共16个教室，面积667.25平方米，扩建校园1万平方米，校园分南、北两院，下设中、小二部，在校学生达1000名，是当时三原县城最大的一所学校。中间还发生了一个小插曲，于右任在百忙中从上海购得铝皮运至咸阳，结果在咸阳车站被盗，最终在于右任的关心下咸阳当局追回了被盗铝皮。于右任还特意购买了许多花草树木，美化校园环境。

1935年10月，于右任将多年历尽心血购藏的稀世珍宝鸳鸯七志斋碑石三百余方，捐赠陕西省政府，建设西安碑林，无任何个人要求，只叮嘱："拟以将来摹拓所得之款，补助三原民治小学经费。"

于右任为了使适龄儿童都能上学，1940年以前，学生只需自备书籍，学杂等全部免除，学校还设立奖学金和助学金。他为办好这所学校，对教员之挑选特别重视，全都启用当时的进步人士，如周芝轩、张卓儒、夏玉清等。

于右任每次回三原，都住在民治校园内，除了给师生带回学习用具和奖品，还给他们放电影，在西操场看电影是民治师生当时最奢侈的文化生活。民治师生也非常爱戴这位"布衣大臣"，一旦获悉他返回故里的消息，全校师生必列队到南关迎接，感人场面让师生终生难忘。直到晚年在台湾，于右任先生对学校仍惦念不已，他难以割舍的民治校园常于梦中萦绕。

第四章 报业

1907年4月2日至1914年9月4日，于右任在上海先后创办了《神州日报》《民呼日报》《民吁日报》和《民立报》，虽然存续时间短，却威名远扬，在我国近代报刊史上留下了光辉的篇章，为民主革命事业的发展做出了卓越贡献。于右任八十四岁华诞时，台湾『邮政总局』发行了一枚『元老记者于右任』的纪念邮票，上面印有于右任的亲笔题词『为万世开太平』。端详这枚纪念邮票，于右任感慨万千：『在我生活的历程中，最使我难忘的也最使我怀念的还是从事新闻记者时期。』

唤起神州

1905 年，钱基博在日本横滨出版的《新民丛报》上刊登了一篇题为《中国舆地大事论》的连载文章。文中公开提出大河流域民族即“北方人”必须由长江流域民族即“南方人”“处置”，这种伤害北方人民感情，挑拨南北方人民矛盾的谬论使于右任非常愤慨，他以《驳钱基博氏〈中国舆地大势论〉》为题发文痛批。当时，《新民丛报》的主编梁启超看到于右任的文章，极为欣赏，表示：“于君所言，字字敬佩。”将全文略做改动后刊登，并作公开道歉，代钱基博感谢于右任的匡正。这件事使于右任深感倡导舆论的重要性。另一个促使他将办报付诸行动的直接原因是上海某报社论直接诬革命为叛逆，公然为清廷张目。于右任立即写了一篇评论时政的文章驳斥该报社论。文章寄出后，如石沉大海，而报上攻击革命的文章，仍是连篇累牍，照登不误。于右任为此痛恨极了，彼时，国内很多报纸被查封，革命舆论在上海已被封锁近两年，这两件事使于右任深刻认识到，要想伸张正义，唤醒民众，舆论就必须掌握在自己手中。所以，于右任下定决心定创办报纸，倡导舆论，鼓舞民气。

1906 年 4 月，于右任和邵力子一同乘船东渡日本考察报业并筹集经费。他们四处奔波，走访报社，参观学习，于年底返沪，立即开展各项办报准备工作。于右任每天上午上课，下午和晚上办报，有时连续通宵熬夜工作，当时协助并参加筹备工作的发起人的有杨笃生、王无生、叶仲裕、汪彭年、汪允宗、庞青城、金怀秋、邵力子、李孟符、黄祯祥、张俊卿、谭介人等一批有志于革命的优秀青年。

1907 年 4 月 2 日,《神州日报》正式创刊，报名采用“神州”，于右任说:“顾名可以思义，就是以祖宗缔造之艰难和历史遗产之丰富，唤起中华民族之祖国思想。”社址设在上海四马路老巡捕房对过辰字 582 号，于右任出任报社社长，杨笃生任总主笔，汪允宗、王无生等分任主笔，其余各发起人也都积极地参加了撰稿和编辑出版业务方面的工作。

《神州日报》创刊前 3 天，日出对开 4 大张。新闻文字和广告各占一半篇幅。从版面的安排看，4 大张 16 版中，第 1、4、8、10、12 版全部刊登广告，第 2 版为清宫官报、专电、紧要新闻，特别调查及诗词小品，第 3 版为社论及通信，第 5 版为专件、通信，第 7 版为各省新闻，第 9 版为短评、小说，第 11 版为杂录，第 14 版为各种专栏和文艺作品，第 16 版为译论等，这几个版也部分地刊登一些广告。船期和剧目广告则固定地放在最后一版。第 4 天以后篇幅缩小，减为 3 大张，原第 4 张的内容即分别并入其他各版。除广告外，整个报纸每天的总发稿量在 2 万至 2.5 万字左右。由于内容丰富，编

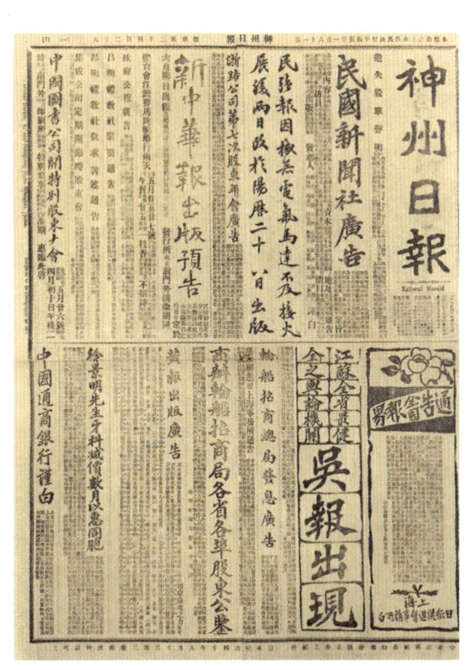
神州日報
民國新聞社廣告
新中華報出版預告
吳報出現
中國通商銀行謹白

《神州日报》

排新颖，一经出版，立即引起社会各界人士的关注。

《神州日报》第一天的《发刊辞》由于右任邀杨笃生、王无生三人合撰，故署名“三函”。《发刊辞》谓：“挥政客之雄辩，陈志士之危言，澡雪国魂，昭苏群治，回易众听，纪纲民极。较之仰天独唱，众心不止者，厥用益宏焉。夫国闻閭史，稗官杂事，抽毫而悉具，则陈一纸而汲众流，庄言谐论，良规俊辩，授简而并陈，则费寸阴而获拱璧。山川自古，方策犹存。顾瞻周道，鞠茂草以无时，惆怅新亭，庶横流之有托。此神州日报之所为作也。”文情华瞻、开合雍容，爱国情深、振奋人心。故时人称颂此发刊词“摅怀旧之蓄念，发古思之幽情”“足光祖宗之玄灵，振大汉之天声，诚旧文学之代表作也”。

《神州日报》的筹备工作得到过孙中山的积极支持。他曾经指示于右任要把《神州日报》办成革命的机关报，并以此为基地，联系“东南八省”的“党务”，开展革命的宣传组织工作。报纸刚刚创刊便收到同盟会江苏分会和同盟会设在上海的健行公学、中国公学、爱国女校等“革命运动枢纽”送来的贺词，纷纷表明了革命党人对这个报纸的殷切期望。《神州日报》与当时的进步阶层有着广泛联系，因此还得到了社会名流和知名人士的赞助和支持，马相伯送来洋溢着爱国感情的题词，时任“中国公学”“复旦大学”两校校董的实业家张謇为该报题写报眉。

《神州日报》具有明确的革命性及阶级倾向，一经出版就将矛头直指清王朝。大胆弃用清帝年号，改用公元和干支纪年，表示与清廷势不两立。在内容上针砭时弊、抨击清廷的黑暗统治；揭露帝国主义的侵略行径；宣传民主革命；报道各地革命党人进行的反清活动。填补了近两年革命派在这一地区的报刊宣传工作的缺憾，打破了上海的沉闷，在社会上引起强烈反响，深受青年学子欢迎，其发行量很快过万，成为上海乃至整个东南亚最为畅销的一份报纸。和同时期的大多数革命派报刊一样，该报以社会中上层为主要对象，尤其侧重于学生和军人。创刊伊始就宣布："凡我全国官私公立各学堂以及各省军营均常年致赠一份，以备公阅，不敢报资。"对个别的学生订户则实行半价优待。一是为了配合各地同盟会组织在新军和青年学生中进行革命发动工作；二是希望通过他们把民主革命的思想影响扩散于全社会。

《神州日报》创刊的这一年，正是同盟会和其他革命团体在国内各地大力发展革命组织和发动武装起义的一年。所以，用力最多的就是有关反清以及民主革命的宣传。《神州日报》自创刊后便及时刊载各地革命党人的武装起义消息。仅在于右任主持的80天内，它所发表的有关武装起义和各地革命党人反清活动的消息、纪事、专电和文件资料，就多达62篇。既声援了投身革命的志士仁人，又让民众了解了最新的时局变化。

这份报纸不仅大胆揭露清政府的腐败无能，同时还揭示声讨帝国主义的侵略野心，宣传"自由""平等""独立"等资产阶级民主革命的政治口号。刊载一些有关失火、失窃、车祸、拐骗、凶杀、路劫、盗墓、敲诈勒索和民事纠纷等之类的社会新闻，暴露了社会的动乱不安，加深广大人民群众对清政府的厌恶和仇恨。对瓦解清廷政府的统治，扩民主革命的影响发挥了积极作用。

由于当时的反动势力比较强大，报社地址又在租界，为了避免遭受迫害，在创刊伊始，于右任等人就决定采取迂回影射和旁敲侧击的策略来攻击清政府，宣传民主革命思想。在《神州日报》创刊的第二天他们就发表题为《论本报所处之地位并祝其前途》的社论表示："不可疾言之，未始不可徐察之。不可庄语之，未始不可婉述之。"于右任后来在回忆《神州日报》时说："那时距《苏报》案大狱不久，《国民日报》和《警钟日报》又相继被封，政象黑暗，民气消沉。我们一方面要伸张正义，激发潜伏的民族意识，一方面又要宛转其词，以免清吏的借口，社论的著笔，最不容易。"

因此，他们大量公布各级政府机关发布的有关革命党活动情况的通报和防禁、缉捕革命党人的原始文件；转录外电和外报有关革命党活动情况的报道，以免授人以柄。不少有关同盟会政纲和民主革命思想的宣传，就是用照录革命党人"供词"和新"缴获"的革命党文件的办法来进行的。这一类报道纯用事实说话，编者可以不任其责，还从侧面宣传了孙中山的民主革命思想，宣传效果相当出色，广大读者深受启发。

1907 年 5 月 8 日（农历三月二十六日），天降横祸，祝融波及，创刊刚刚 37 天，正值事业蒸蒸日上的《神州日报》遭遇了火灾。这场突如其来的大火是从它近邻的 584 号祥兴琴行烧起的，很快波及了《时报》馆，有正书局和《新民丛报》支店，然后延烧到《神州日报》社，火势迅猛，相邻的十几个铺面楼房俱告焚如。当时，正在社中工作的杨笃生从窗口顺电线杆滑下，免于火灾。《神州日报》的印刷工人正在赶印 5 月 9 日（农历三月三十七日）的报纸，编辑部人员刚刚休息，大家闻讯仓皇逃出，幸无一伤亡。但所有机器、铜模、藏书、存稿皆付之一炬。

失火订单第二天，于右任即在望平街黄字 160 号借得一室作为临时事务所。分散进行编辑，委托商务印书馆代为排印，每天暂出一张，"就现在销数送阅，不取分文"。并在复刊的《神州日报》载出《本报三十七号纪念词》："国民前途之希望无穷无尽，神州将来之事业无穷无尽，则本社社员之责任亦与之无穷无尽。本社一切职事者幸未焦烂，即当重整旗帜，逐日出版，庶有以慰读者诸君之廑存，即以副向来之期望。《传》曰：火者所以除旧布新。今旧神州之黑暗将被扫除，新神州之光明将益见，盖已于是乎兆之。昔者柳子厚有贺某京兆失火书，彼个人事业者抑何足道。以吾《神州日报》读者诸君与我新神州新事业之关系，讵不可贺也耶。”

好在事先于右任经友人金秋圃介绍，保了一万元的险，失火后报社即依赖这一万元的保费维持。在报社人的共同努力下，5 月 12 日，《神州日报》改为出版两大张，23 日，便恢复至每天出版三大张。6 月 1 日起，正式迁入福州路辰字 451 号新址。日常的出版工作只用了不到一个月的时间就基本恢复正常，但是机器仍然一时无法购置，仍由商务印书馆代开夜班印制。当时，报社外有清廷破坏，内因善后、筹款及人事方面产生了分歧，于右任即决定退出，杨笃生欲随其退出，先生说：“留你，等于我不去。”6 月 20 日，《神州日报》在头版刊出于右任辞去经理职务的启事：

右任启事

不佞自总理神州以来，竭力经营，妄冀鼓吹文明，于神州前途（有）所裨补，不意出版未久，竟遭祝融，本当收合余烬，勉复旧观，自顾才力竭蹶，不足以肩此重任。乃从权邀集在沪发起人及股东会议，推举叶仲裕、汪漱尘（即汪彭年）二君接任。此后凡有关于社中一切事件，即与汪、叶二君接洽可也。

于右任主持《神州日报》社务的 80 天，也是这份报纸最为壮盛的一段时期。于右任用“寒灰”这一笔名亲自为报纸撰写了 19 篇社论，内容涉及政治、经济、外交、法律、教育等各个方面。此外，他还主编了半哭半笑、神州诗话两个专栏，为这两个专栏撰写了不少时事短评、旧体诗词和文艺评论作品。他笔酣墨饱，情感浓郁，诗词激昂蹈励，寄托遥深，在当时读者中产生了很大影响，尤为青年学子欢迎。于右任被推为一个有影响的资产阶级革命报人，即从这一时期始，《神州日报》被公认为是一份有影响深远的革命派报纸。之后，《神州日报》在叶仲裕、汪彭年、杨笃生等人主持下继续出版，进入了它的第二个时期。

为民而呼

于右任退出《神州日报》之后，1908 年春，上海道台蔡乃煌出资创办的《舆论日报》在上海创刊，他慕名重金邀请于右任担任《舆论日报》的总主笔，《舆论日报》为立宪派的报刊，鼓吹立宪保皇，于右任后以政见分歧而不就，痛感没有自己的舆论阵地不行，决心筹办新报。在柏小鱼、庞青城、张人杰等的协助下，于右任募集了六万元股款着手筹办《民呼日报》。1908 年 8 月 27 日，于右任以个人名义在上海各大报刊刊登启示：

> 鄙人去岁创办神州日报，因火后不支退出，未竟初志，今特发起此报，以为民请命为宗旨。大声疾呼，故曰民呼，辟淫邪而振民气，亦初创神州之志也。股额十万，每股百元，现已招足六万。俟机器运到，即宣布出版日期。卷土重来，誓以劫身之后，雪前此无功之耻。

就在《民呼日报》即将问世之时，于右任忽然接到家中来信，得知父亲病重，思子心切的父亲于新三很想念他。于右任想到自己亡命东南数年，颠沛流离，无暇顾及家事，不禁大恸，于是不顾生命危险，立即动身返乡探望父亲。回家当晚，父子俩人彻夜长谈，于右任当时还是清廷通缉的要犯，于新三怕儿子回来的消息走漏风声，天色未亮，便催促于右任抓紧时间离开，父子俩相拥泣语而别。谁知当他行至潼关时，于新三便饮恨离世。

于右任忍着丧父之痛，将全部的心血倾注在办报事业上。1909

《民呼日报》

年 5 月 5 日，于右任又在各大报纸上登出《〈民呼日报〉特别广告》：

> 本报已定于本月二十六日出版，特别声明：一、本报实行大声疾呼为民请命之宗旨。二、本报为纯全社会之事业，所有办法，是系完全股份公司，不受官款，不收外股。故对于内政外交皆力持正论，无所瞻循。……

在策划了这一轮的成功宣传之后，《民呼日报》在尚未正式创刊之时，就已经预定出了几千份，这种情形在当时来说，发行量已经很不错了。

5 月 15 日，《神州日报》失火两周年纪念日，《民呼日报》正式创刊。于右任自任社长，陈非卿任主笔。编辑撰稿的有范鸿仙、徐血儿、戴季陶、杨天骥等，范、徐都是从校对做起，一步步成为著名的报纸评论家。最初，《民呼日报》的编辑所设在宝安里，发行所在四马路，一个月后，统一迁往望平街黄字 160 号。

《民呼日报》最大的特点就是一开始便有明确的办报宗旨。于右任在他撰写的第一篇社论——《〈民呼日报〉宣言书》中慷慨陈词："民呼日报者，炎黄子孙之人权宣言书也。有世界而后有人民，有人民而后有政府；政府有保护人民之责，人民亦有监督政府之权。政府而不能保护其人民，则政府之资格失；人民而不能监督政府者，则人民之权利亡。”这正是于右任办报的宗旨目的，即为民请命，为民而“呼”，在于右任他们看来，报纸就具有天然监督政府的责任。

《民呼日报》日出四大张，在版面安排及内容上，《民呼日报》除广告、画页外，设言论（社说、要件、时论、商榷、小说、天声人语）、纪事（清代宫廷官报、上谕、电报、重要新闻、各地通信、本埠新闻、大陆春秋）、丛录（传记、佚史、谐文、文苑、译丛、词话）等三部。配合各地时事新闻，还刊登有关政治、时事、社会生活的图画，其中以讽刺画与小说画为主，最为生动、精彩，富有特色，令人耳目一新，深受读者喜爱。

《民呼日报》在于右任的领导下，以“放论敢言”为特色，大胆揭露各省腐败吏治、专制暴虐的罪行。特别是关于西北地区遭遇特大荒年，官吏匿灾不报、田赋不免，造成赤地千里、饥民相食的惨象所进行的报道。《论升督漠视灾荒之罪》《甘督升开缺感言》等社论中都严厉声讨了以陕甘总督升允为首的酷吏漠视人民死活的恶行。《民呼日报》的严词抨击也直接触怒了西北清吏，对《民呼日报》欲除之而后快。

大聲疾呼

《民呼日报》创刊号副刊

1909年6月，于右任

邀集刘定荣、李岳瑞等在沪西北人士为救灾发起“上海甘肃筹赈公所”，以《民呼日报》报社为办公地点，并开辟专栏，发起募捐救济灾民活动，机构才开设五天，甘肃布政使、暂时护理陕甘总督毛庆蕃联合上海道台蔡乃煌串通租界，指控，诬陷《民呼日报》有侵吞赈款嫌疑。

8月2日，于右任和陈非卿被拘押，一时控告《民呼日报》“诽谤罪”的就多达14起，造成轰动中外的“民呼报案”。4日，于右任和陈飞卿被押赴会审公廨过堂审理。范光启等邀集“甘赈”主事者和经办赈款的银号上堂作证，并由律师严正申明：“甘省灾赈，另有刘道经办，派司账两人管理进出，均有账据，与该报主笔并不关涉。”

且有四家店铺联名保于、陈二人在外候审。但公廨又添出原皖省铁路协理候补道朱云锦、已故上海道台蔡钧之子蔡国帧和湖北新军飞划营统领陈德龙（此人据说是湖北“丫姑爷”张彪的心腹，《民呼日报》揭了他老底）共同控告《民呼日报》毁坏名誉，因此只准将陈非卿交保暂释，不顾社会各界人士反对，仍将于右任押回。于右任在狱中前后被过了八次堂，尽管多次证明“侵吞赈款”实属诬陷，其他案件也不能成立，但是公廨仍然拒不肯放人。

此案一出，《民呼日报》一连刊出十篇特别启事，向读者揭露案件审讯过程，报社声援与愤慨的信件无数。《神州日报》《时报》等多家报纸纷纷报道，谴责清吏非法压迫舆论、迫害报人。上海商会及旅沪陕甘人士多次致电北京当局，为于右任申冤。

但是清吏扼杀《民呼日报》的行动却不曾停止，他们先停止了《民呼日报》的邮寄权，继而禁止发售，甚至抢夺报贩手中的报纸在城门口集中焚毁，最后更是强行取消了该报在租界的发行权。

此种形势之下，《民呼日报》同仁自度：“报纸一日不停，讼案一日不了，于君一日不得出狱。”即使于右任在狱中忍受着身体和精神的双重折磨，他依旧坚定的不忘初衷，书寄报社同仁：“宁死不能停报，以负股东负社会。先《民呼》而死，不忍弃《民呼》而生！”

报社同仁反复计议，一致认为于右任乃《民呼》之灵魂，宁肯牺牲报馆也要营救于右任，“不得不重违于君之愿。”“于君不死，即《民呼》之灵魂不死，他日必有千百《民呼日报》发生于世界！”他们还庄重声明：“则使本报或非其故，而撄大不幸之事，然吾誓必别树一帜，以求收廓清摧陷之功，还我同胞之幸福也！”

8 月 14 日，《民呼日报》登出《〈民呼日报〉辞世之言》：

（本报）出世以来为时仅三月，销行已逾万纸。以阅报诸君之贡词欢迎，天下同胞之赐书奖褒，诚为同仁所不敢据受。而其位置，其声价，固犹存宇宙间也。故自《民呼日报》出世，而社会之视听正；亦自《民呼日报》出世，而国民之正气振。是阅者诸君之加惠于《民呼日报》者甚至，而《民呼日报》可告无罪于天下矣。

长别者，《民呼日报》之名义耳；不死者，《民呼日报》之灵魂也！

《民呼日报》创刊 92 天即沉痛宣告停刊。9 月 8 日，租界会审公廨在强大的社会舆论压力下糊涂结案，将于右任逐出租界。结案后，上海报界多为之哗然，著论斥责公审判辞不当。

虽然于右任遭人诬告，身陷囹圄 37 天，但并没有挫其办报之志，他不忘初衷，与报社同仁重整旗鼓，共同谋划东山再起之计。

继之民吁

1909年9月27日，上海各大报社同时刊出《民呼日报》的最后一则启事：

《民呼日报》最后之广告

鸣呼！本报自停刊招盘，业经多日，近将机器生财等，过盘与《民吁日报》社承接。所有一切应收应付款项，以后概归《民吁日报》社经理，快事亦痛事也。

9月29日，《民吁日报》出世的广告也在上海各报刊出：

本社近将《民呼日报》机器生财等一律过盘，改名《民吁日报》。以提倡国民精神，痛陈民生利病，保存国粹，讲求实学为宗旨。仍设上海望平街一百六十号内，即日出版。内容外观，均擅海内独一无二之声价。

《民呼日报》被指控"毁坏名誉"时，湖北新军第八镇统制张彪就曾扬言："以后谁再敢当主笔，胡说八道，犯上作乱，就把他的眼珠子挖掉！"于右任自言："民不能呼，则为有吁耳！"改呼为吁，则暗示人民的眼睛被挖掉了。

由于于右任被逐出租界，自己不便正式出面，则请朱少屏为发行人，范鸿仙为社长，景耀月为总编辑。实则报社内部还是由于右任主持。他利用租界和公众租借各自为政的空子，假托是法商经办的企业，在法国领事馆为《民吁日报》注册，才取得了出版发行的合法地位。

《民吁日报》创刊号上有于右任写的宣言书和景耀月写的出世

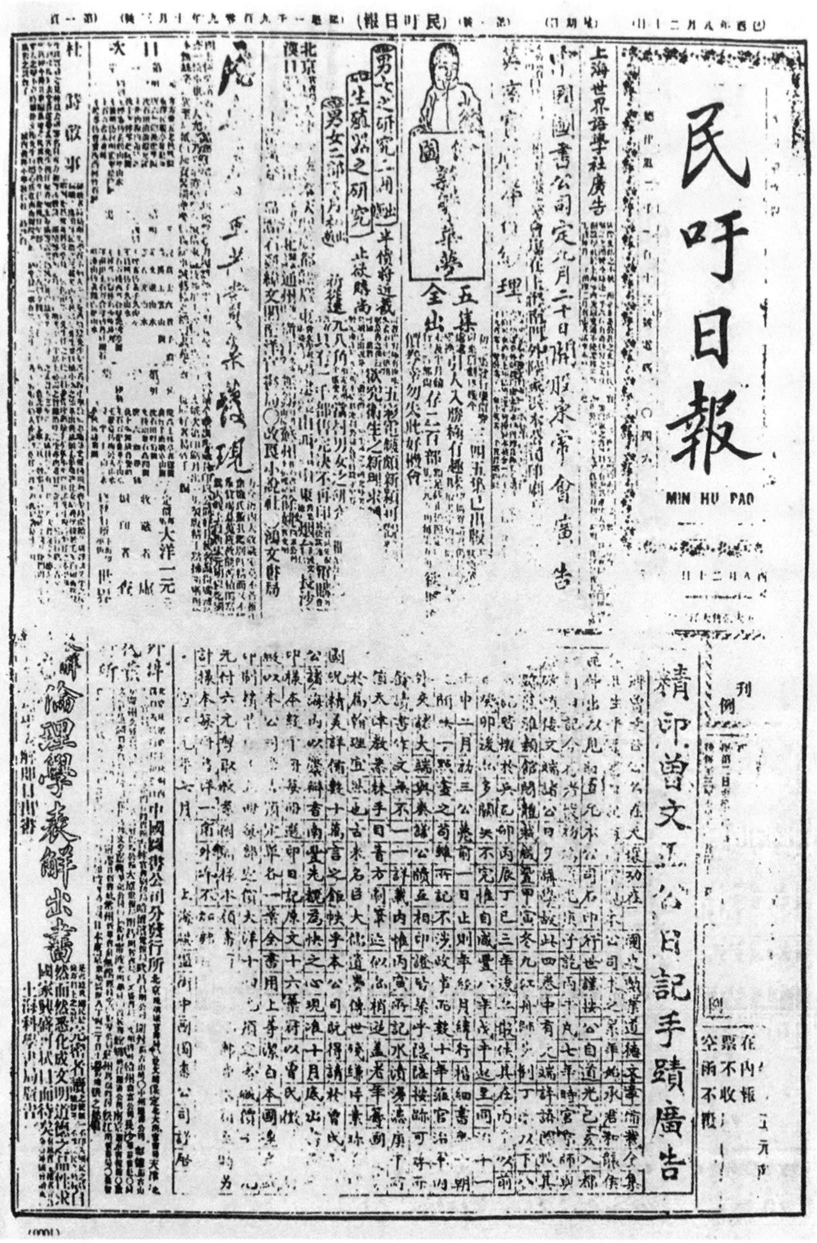
民吁日報

MIN HU PAO

上海世界語學社廣告

中國圖書公司定九月二十日開股東常會廣告

精印曾文正公日記手蹟廣告

倫理學表解出書

《民吁日报》

辞，文辞典雅，士林传诵，风行一时。于右任在宣言书中表明：“小之可以观民情，大之可以存清议，远之可以维国学，近之可以表异闻。”言论报国之心溢于言表。他还义正词严地针砭了当时的新闻界：“吾国自东西沟通，始有日报，更倡迭起，都余百家。枢钤之效未彰，记纳之极鲜立。虽抨顽擎懦，恒林植于通道，而燕语郢书，或取讥于达士。则有作达官之机关，为他人之奴隶。猜嫌日积，争取谓之雄雌。政府既深，昧之宗旨。”

《民吁日报》与《民呼日报》一脉相承，创刊不久，便风行一时。日出两大张，正文与广告各四版，另加半张行情物价表。大体安排如下：第一页，社论、时论、要件、公言；第二页，上谕、专电、要闻；第三页，各省通讯、短文“大陆春秋”；第四页，本埠记事、短文“沪渎阳秋”；第五页副刊（从 10 月 4 日起增加半张，共五页。10 月 11 日起，在广告栏中连载剧本《夜未央》）。

《民吁日报》发刊之际，中国第一个革命文学团体——南社也宣告成立。朱少屏、景耀月、于右任等人相继加入，《民吁日报》也成为南社当时一个重要的活动据点。《民吁日报》的“文苑”“丛录”等文艺专栏为南社成员当时发表诗文的第一个园地，这些诗文也为该报增添了许多光彩。

《民吁日报》除了揭发清朝吏制，宣传民主革命，激扬民气，还加上了反对帝国主义的任务。《民吁日报》创刊不久，便大量报道了因“安奉铁路”事件而起的全国抵制日货，反日运动的消息，严厉谴责日本帝国主义攫取我国东北资源和企图侵略中国的丑恶罪行。10 月下旬，曾经胁迫清政府签订《马关条约》的日本内阁总理大臣伊藤博文在访俄途中，窜至我国东北进行阴谋活动。事先，《民吁日报》就向读者做出预告：“伊藤此行并非是一次‘逍遥游’，而是居心险恶的

‘政治调查’活动，目的是‘调查中国内情，监督中国财政’。”呼吁国人对此保持高度警惕。10 月 26 日，伊藤博文在哈尔滨火车站被朝鲜爱国志士安重根击毙。上海各报迫于当局压力，噤若寒蝉，不敢大胆报道。《民吁日报》在事发第二天，率先用大字标题作整版报道，发表评论斥责日本对华野心：“倭人之肺肝”“伊藤之满洲旅行，非独为满洲，为全中国也”；而且，称双手沾满鲜血的伊藤博文是“大浑蛋”，死有余辜。同时，该报为了号召人们奋起革命，大声疾呼：“清政失纲，东夷乘衅，陵铄诸夏，惧将倾覆国家，沦丧区宇，斯诚志士致命致节之日矣！”

清宣统二年(1910 年)七月初五，神州日报附送神州画报一张（局部）

11 月初，日本驻沪代理总领事松冈获悉此事，照会上海道台蔡乃煌，诬蔑《民吁日报》：“民吁报言论大欠和平，且任意臆测煽惑破坏，幸灾乐祸，有碍中日二国邦交，请将该报惩办，以戒后来。”他见松冈发怒正中下怀，立即敦促法国驻沪领事馆取消该报注册，同时“将该报馆封禁具报”。11 月 19 日，租界当局以“挑动中日衅隙”的罪名野蛮查封了《民吁日报》，并对主笔范鸿仙实行拘讯，多次非法会审。

封禁《民吁日报》激起公愤，接连几天都有人在报馆门口贴出“吊词”，拈香痛哭，以示哀悼。各界人士异常愤激，纷纷集会抗议，要求清吏将该报启封，以示公道。宁苏皖赣四省学界 800 人联名分别致电北京外务、民政两部和上海道台衙门提出抗议。江北旅沪学界高骧等 200 人联名致电民政部，要求恢复出版《民吁日报》。中国香港、日本等地读者也纷纷致电清政府，要求立即启封，有人甚至以“炸药、手枪”相威胁。

仅仅生存了 48 天的《民吁日报》就这样被封杀了。该报的 48 期内容中，直接反日的言论和文章就多达 62 篇，反日宣传是该报的重点与特色。11 月 20 日，租界公开会审《民吁日报》一案，《民吁日报》刊载的题为《外交回顾之惋叹》《伊藤满洲旅行之阴谋》《野心家走满之警告》《中国外交危机之迫》等 62 篇文章全部被指为“排日之证据”，11 月 29 日，在未经辩护的情况下，租界公廨就判该报“永远停止出版”“机器不准作印刷报张之用”，于右任则被宣布“逐出租界”。

海内外许多报刊都对此极为愤慨，纷纷发表评论谴责会审公廨判决失当，《字林西报》《英文捷报》的态度尤其激昂。批评这一判决“违法悖理，置租界章程于不顾”。

《民吁日报》被封之时，正值于右任赴日本向同盟会本部商请办报经费，令他更为伤心的是，此行不仅未能如愿见到孙中山，亦未酬得经费，返沪之时，《民吁日报》也不复存在了。

民立民主

《民吁日报》被查封后，于右任不得不过起了流离失所的流亡生活。据黄季陆回忆，于右任曾谈起这段流亡生活时，深切地说：“民吁报被查封后，清吏蔡乃煌正四处捉拿我，我困守在一间小旅馆里，和孔子‘在陈绝粮’一样无计可施。有一位同志很同情我，但是他和我一样穷，真是爱莫能助。当他经过马路旁一间烧饼铺，乘主人不注意时，取了几个烧饼放入怀里，被饱以老拳……当我们二人在旅馆中享受这几个烧饼时，禁不住抱头痛哭起来。”

即使遭受着这般境遇，于右任依然不弃办报之志，天无绝人之路，就在他走投无路的时候，上海市商会会长、上海信成银行协理沈缦云和其友人王步瀛出于义愤，表示愿意资助经费，帮其重振报业。才使得于右任能够摆脱困境，重整旗鼓，全心致力于办报事业。

上海商界、知识界名流也都为之挹注。有了充足的资金作为后盾，于右任的精神也大为振奋，筹备新报的工作立即开展起来。在此之前，他的办报之路，可谓

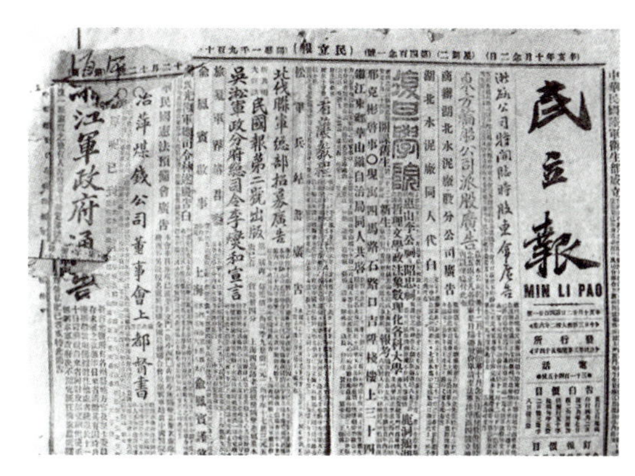
民立報
MIN LI PAO
吳淞軍政分府總司令李燮和宣言
治萍煤鐵公司董事會上都督書

《民立报》

历经了“三起三落”。1910 年 10 月 11 日，他的第四份报纸——《民立报》终于在上海创刊，报名暗寓“立定脚跟作民喉舌”之意。每天出版对开三大张，报馆起初仍设于望平街 160 号内，由于右任担任社长，宋教仁、吕志伊、范光启、章士钊等先后任主笔。此外，还有马君武、张季鸾、邵力子、杨千里、王麟生等人陆续加入，分任诸事，馆内人才云集，盛极一时。而彼时，在上海道台官位上耀武扬威的蔡乃煌早已离沪。

《民立报》在上海各报登载广告云：本报组织半年，今幸成立，特将内容及进行方法，通告如下：

一、关于内容者，本报以唤起国民革命信心为宗旨，编辑分五大部：1.论说部，2.批评部，3.记事部，4.杂录部，5.图画部；

二、关于股本者，本社之志愿，在造成国民正当的言论机关，故组织之性质，系完全商办有限公司。

《民立报》原定于《民吁日报》被封一周年纪念日出版，适逢重阳节，于是提前发刊，发刊词中，于右任即景生情，把《民立报》比作“植立于风霜之表”，“经秋而弥茂”的“晚节黄花”，表示该报“愿为同胞尽力驰驱于无已”，“使吾国民之义声”飞扬于世界！还提出“是以独立之民族，始有独立之国家；有独立之国家，始能发生独立之言论。”“以提倡吾国民自立之精神”，“以培植吾国民独立之思想”，“以辅助吾国民进立于世界之眼光”。“不敢以讹言乱国是；不敢以浮言伤国交；不敢以妄言愚弄国民。所自期者，力求为正确之言论机关而已。”此篇发刊词，文辞隽美，言恳意切，赤子之心，昭然若揭，震人心魄，发人深思！

于右任以“骚心”和“大风”为笔名开辟了“天声人语”和“上

海春秋”等专栏，发表了诸多短评杂文。副刊“文苑”“骚心丛谭”里部分文章诗词也都出自于右任之手。

《民立报》可分为两个阶段。第一个阶段，重在揭示清政府的黑暗统治和腐败无能，号召人民起来革命，推翻清政府；第二个阶段，以鼓吹革命为主，是革命党人的指挥联络中心，为宣传民主革命最为有力的一份报纸，曾被誉为“革命的号角”。

当时，清王朝风雨飘摇，大厦即倾，迫于内外压力，预备立宪，准备政治改革。国内的革命斗争形势也迅速发展，《民立报》的言论也越来越激烈，痛斥清政府伪立宪的阴谋，称清政府为“冥顽不仁之政府”“倒行逆施之政府”“万无可恃之政府”“专制之恶政府”，还开辟“民贼小传”等栏目，把大大小小官员称为“民贼”。《民立报》还全力声援当时全国各地的剪辫运动和爱国活动，并热情介绍印度等国家的人民斗争及欧美工人运动。除此之外还频繁揭露帝国主义强盗侵华的累累罪行。

1911 年，黄花岗起义期间，有人从香港给《民立报》报社发来密电，内容远比其他报纸详尽。起义爆发后两天，《民立报》就突破新闻封锁，在要闻版的头条刊出了有关起义的七条专电，率先向全国公开报道这一消息。接着，又连续以《广州血战记》《革命党流血后之广州》等醒目标题发表详细报道。报馆门口每天都挤满了读者和报贩，人们急切地等待着最新消息。《民立报》专门开辟了国外通信专栏。“英伦特约通讯员”杨笃生的通讯，报道英国最新的政治动态，介绍英国报刊对远东问题的言论及中国留学生社团的活动等等，引起社会各界的极大关注。

《民立报》的众多热心读者中，有一位来自湖南的青年学生，他的名字叫毛泽东。26 年后，他对《民立报》依然记忆犹新，1936 年，他在陕北的窑洞里和美国记者埃德加·斯诺谈话时说:“在长沙,我第一次看到报纸《民立报》,那是一份民族革命的报纸,刊载着一个名叫黄兴的湖南人领导的广州反清起义和七十二烈士殉难的消息。我深受这篇报道的感动,发现《民立报》充满了激动人心的材料。这份报纸是于右任主编的,他后来成为国民党的一个有名的领导人。”

1911年10月11日,武昌起义的第二天,《民立报》就以头号宋体字刊出专电,首先报告了这一振奋人心的消息。然后,又特辟“武昌革命大风暴”等专栏,另配插图,以整版篇幅介绍起义进展情况,对武汉的地理、起义酝酿过程等背景材料也作了相关报道。

《民立报》吸引了成千上万的读者,每期发行量多达两万多份,运销各地,居全国报刊之首。“报纸一出,购者纷纷,竟至有出银元一元而不能购得一份者。”《民立报》每天不断收到来自各地发来的最新消息,报社门口总是人山人海,往往连号外都来不及印刷,干脆书写在大纸张上张贴于门外,有时甚至一天更换数次,只要看到革命胜利的消息,立马引起一阵欢呼和掌声。上海的民心振奋了,革命的气氛也开始浓厚了。

《民立报》在报道了武昌起义重大胜利和意义之后,率先发表文章呼吁孙中山回国主持政局,称“孙逸仙,革命家之雄也”。这一呼声立即获得了各方面的积极响应,为孙中山回国成立临时政府起了重要的促进作用。同年,11月17日,《民立报》刊出“本报接孙君逸仙自巴黎来电……”孙中山直接将电报发给《民立报》的意义非常,它意味着此时的《民立报》已经从革命党人的联络站变成了指挥中心。当时的很多机关团体都主动来民立报社访问联络。12月25日,孙中山回国抵沪,访《民立报》社,颁赠给《民立报》一份“旌义状”,以表彰其对革命的贡献,并手书中英文题词:

勠力同心

《民立报》同志嘱书

孙文

1912 年 4 月 16 日，孙中山在胡汉民、吕志伊的陪同下，再次参观《民立报》社，在欢迎茶话会上，予以极高的评价，他说：“此次革命事业，数十年间，屡仆屡起，而卒睹成于今日者，实报纸鼓吹之力。报纸所以能居鼓吹之地位者，因能以一种之理想普及于人人之心中。…… 惟知报纸有此等力量，则此后建设，关于政见、政论，仍当独抱一真理，出全力以赴之，此所望于社会中诸君子者也。”

孙中山就任临时大总统后，34 岁的于右任被中华民国临时政府委以交通部次长的职务。由于政府劳繁，于右任辞去了《民立报》总主笔一职，由章士钊代理，但报馆业务仍由于右任负责。“二次革命”失败后，袁以北京总监察厅的名义通缉以孙中山为首的“二次革命”的重要分子，于右任自然也在通缉之列，于是他不得不赴日躲避。这样历时近三年的《民立报》于 1913 年 9 月 4 日被迫停刊。

1911 年民立报社失火，当日（农历二月初八）印制的《民立劫火图》

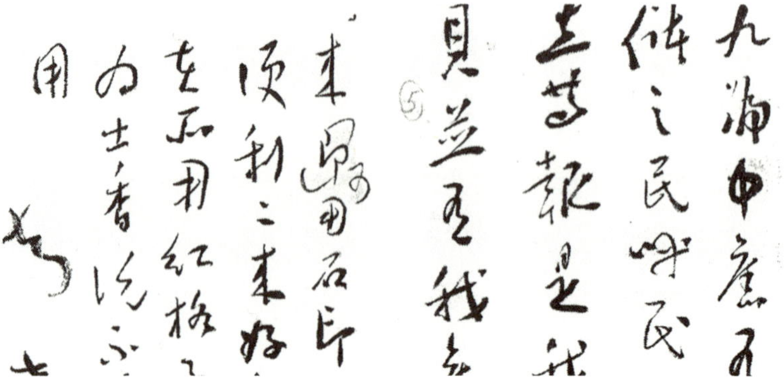

民国初年于右任谈创办三报的手札

从1907年办《神州日报》，到1913年《民立报》停刊，满打满算，于右任的报业生涯前后也不过五六年的时间，却足以光照中国整个百年报业史。

著名新闻史学家方汉奇先生说：“于右任和他创办的《神州日报》和‘竖三民’辛亥革命时期发挥了巨大的宣传鼓动作用，功不可没。”

著名报人徐铸成先生说：“在中国报史上，艰苦创业、再接再厉、锲而不舍的，于右任先生应是第一人。”

傅国涌先生说：“他（于右任）相继创办《民呼日报》《民吁日报》《民立报》，被称为‘竖三民’，影响远在‘言辞激烈、感情用事’的‘横三民’之上（戴天仇创办的《民权》、吕志伊的《国民新闻》、邓家彦的《中华民报》合称‘横三民’），对凝聚民心，推动社会转型产生了重大影响，写下了他在新闻史上最璀璨的一页。”

第五章　军政

于右任少年读书时看到《文文山、谢叠山诗集残本》，他感叹『其声调激越、意志高昂、满纸的家国兴亡之感』。后来在关中各大书院读书并受儒家『修身、齐家、治国、平天下』思想以及关学宗师张载『为天地立心、为生民立命、为往圣断绝学、为万世开太平』思想的濡染，甚至奉其为自己人生理想与人生的终极目标。

入同盟会

于右任到上海后，发表革命言论的《苏报》《警钟日报》相继被封，他在读书、教学之余，时常给当时的报社投一些政论文章，却都石沉大海。甚至有报纸直接诬革命为叛逆，公然为清廷张目。这些都使他意识到舆论的影响力和掌握舆论权的必要性，同时也感到办学教书与他救国之志相去甚远，于是决定创办一份属于自己的报纸。

1906年春，于右任召集邵力子、叶仲裕、金怀秋等复旦、中公两校同仁一起磋商办报事宜。关于此事，于右任后来回忆说："（复旦大学与中国公学）两校同人，相处密迩，哀时念乱，志事相同。而余复以复旦学生兼中国公学国文讲席，师生切靡，关系愈切。讲学之余，深忧切叹，以为清政窳腐，外患频仍，国亡无日。伤害为全国舆论重心，顾自《苏报》案后，士气消沉，正言不作，这无起而振刷之者，亦吾辈之耻也，于是遂有创设日报之

1906年，于右任与井勿幕合影

1912 年，孙中山先生与部分内阁成员。左起吕志伊、于右任、居正、王宠惠、孙中山、黄钟瑛、蔡元培、海军代表、马君武等

议。其任发起人者，除余及力子、仲裕、怀秋外，如河南王抟沙、安徽汪寿臣、四川张俊卿、湖南黄祯祥、谭价人等，皆复旦、中公两校址同学与同事，其在当时，盖皆不名一钱之穷书生也。”

1906 年秋，于右任和邵力子以代表身份乘船赴日，考察日本新闻事业并募集办报资金。此前一年，1905 年 8 月 20 日，以孙中山为总理的中国同盟会在日本东京宣告成立，身在上海的于右任对这位反清的革命领袖仰慕已久。此行还有一个重要目的，就是希望能够谒见孙中山。到达日本不久于右任结交了大量留日学生、办报人才和同盟会员，如康宝忠、井勿幕等。同年 11 月 13 日，于右任在康宝忠的引荐下终于见到了神交已久的孙中山。孙中山对于右任写诗讥讽清廷逃亡上海办学的事件早已了解，并表示出赞赏的态度。两人相见甚欢，促膝长谈，孙中山向于右任详细阐述了中国的革命形势、同盟会的奋斗纲领及策略，以及他的抱负理想。于右任听完触动很深，当即要求

1909 年，于右任在日本

加入同盟会。遂由康心孚介绍，孙中山的秘书胡汉民主盟，于右任亲书誓约，宣誓加盟。在于右任即将回国之前，孙中山特授予他“长江大都督”之职，负责东南各省的革命活动。并嘱咐他要把新报办成上海地区反清革命喉咙，以此为基地联系东南八省会务，相机行事。自此，于右任便成为革命先行者、中国同盟会创立者孙中山先生的追随者与忠实信徒。

统靖国军

1912 年，辛亥革命胜利，以孙中山为首的南京中华民国临时政府，制定了一部具“宪法”性质的根本大法——《中华民国临时约法》。1914 年 5 月 1 日因袁世凯《中华民国约法》(俗称“袁记约法”)的公布而被取代，袁世凯死后，段祺瑞出任北洋政府国务总理，完全继承了袁世凯的衣钵，公然发布命令，废除《中华民国临时约法》。因此，以孙中山为首的资产阶级革命党人为维护临时约法、恢复国会，联合西南军阀共同进行了反对北洋军阀独裁统治的斗争，又称“护法战争”。

此时，任陕西督军的陈树藩乃段祺瑞门生，并称：“尔后一切惟老师之命是听。”他为了巩固自己的权势地位，大肆迫害革命党人，钳制舆论，搜刮民脂，甚至向日本人私借外债，强迫农民种植罂粟。著名的昭陵六骏就是这个时候被陈树藩勾结外籍强盗毁坏的。他的一系列暴政引起了陕西人民的强烈不满和抗议，深受苦难的陕西军民掀起了陕西靖国军起义，响应并支持孙中山的“护法运动”。

陕西靖国军由革命党人高峻联络郭坚、杨虎城、耿直等人，在焦子静的带领下共同举起反段讨陈的旗帜。陕西靖国军成立后，坚持反陈战斗四个多月，得到发展壮大，并连连获胜。但陈树藩与豫军军阀刘镇华相勾结，刘镇华由河南带领 5000 余人入潼关相助，加上靖国军当时于所属部队来源不同，号令不一，步调不齐，各自为政，纪律松弛，军事实力相差悬殊，不得不退守渭河以北，著名将领耿直、张义安等先后阵亡。年仅 25 岁的张义安阵亡前最后一句话就是:"快请于右任回来领导靖国军。"在这种群龙无首、内部矛盾不断激化的情况下,胡景翼、曹世英等人协商,派遣张立卿和王子元为代表,暗赴上海,敦请于右任回陕统领靖国军。

于右任和孙中山一直非常关注北方革命,1914 年,于右任曾与孙中山计议"以革命非自北方发动,无以突破北洋军阀核心。"5 月,于右任奉孙中山之命间道回陕,与井勿幕、张钫、茹欲立、李元鼎、胡景翼、曹世英等筹商策应西南,讨伐北洋政府。但在陈树藩的阻挠下,未能实行,遂黯然返沪。

1918 年初夏,张立卿和王子元到达上海后,孙中山也极力赞成于右任再度回陕主持西北革命大计,于右任自觉责无旁贷,慨然答应。

于是他乔装成传教士,与王子元一同取道山西,渡黄河,一路向北经宜川延长而南,方至三原县城。

于右任回到三原县城后,逐一拜访了各路将领,大家一致公推于右任出任陕西靖国军总司令。此时,张钫也受邀从北平来陕,被推为

1918 年,靖国军时期合照

副司令。同年8月9日上午10时，于右任在三原城外广场上就职誓师。他在全军大会慷慨致辞：

靖国军总司令于右任

> 余以革命党人，非为权利名位而来，实为救国家、救桑梓，与诸同志共甘苦，同生死而来。带给大家者，非金钱，非械弹，乃一腔热诚，总理革命精神。此种精神为革命党人无价瑰宝，一切均不足比拟。只要大家确切认识，笃实践履，则革命必成，强权必败，区区陕乱，不足平也。

于右任对陕西靖国军的部队进行了改编，原有名号一律取消，全军统编为六路，以抽签为序：

第一路，司令郭坚，下辖五个支队，5000余人，驻凤翔、汧阳（今千阳）、陇县一带；

第二路，司令樊钟秀，下辖三个支队，3000余人，驻盩厔（今周至）、鄠县（今户县）一带；

第三路，司令曹世英，下辖三个支队，3000余人，驻高陵、雨金、交口、栎阳；

第四路，司令胡景翼，下辖五个支队，6000余人，驻三原、富平、泾阳等地；

第五路，司令高峻，下辖两个支队，2000余人，驻韩城、郃阳（今合阳）、蒲城、白水等地；

第六路，司令卢占魁，下辖三个支队，3000余人，驻大程、雨金，后移耀县。

另外，还有惠有光独立支队等。全军共计两万余人。

陕西靖国军总司令部设于三原南街县“儒学”内，成立参谋、秘书、教育、军法和外交等处，聘茹欲立等为顾问。这些举措对于靖国军内部团结、统一指挥起了很大的积极作用，整个部队面貌焕然一新，声威大振，时誉于右任“一条竹杖定西北”。

于右任任靖国军总司令，每天早出晚归，到城里去办公务。一到傍晚，来拜访的客人络绎不绝，有的是谈公事，有的专来求字。每次写字前，有人磨墨，有人铺纸，也有许多人前来观赏。写字时，他总是挽起袖子和长胡子，然后挥舞大笔，流畅而潇洒地写完一幅又一幅，逐条放在地上，等晾干盖印后才收起来。

于右任平常最喜欢吃面食，特别是面条和锅盔（陕西的一种烙饼），对菜肴从不讲究。穿衣也很随便，布衣、布鞋、布袜，都是夫人高仲林做的，数十年来一直如此。于右任从不置私产，在南京住的房子还是租赁的，且屋内陈设简单，但书籍很多。尽管他自己的生活非常俭朴，但若遇朋友乡里有难相求，却常常慷慨相助。

那时，要求妇女解放的呼声很高。有一天下午，几个小女生把长发辫剪成短发，于右任一见就满心欢喜，用手拍拍她们的头，微笑着说：“你们进步了，很好！”并奖给她们每人一串窝窝馍（陕西一种地方风味名点）。不久附近各县也闻风而动，一时之间，女孩子剪长发辫蔚然成风，这正是他老人家积极支持和热情鼓励的结果。

在于右任的领导下，初秋之际，陕西靖国军各部都有较大的发展，战果显著，辖区遍及关中大部。陈树藩被困西安城，他一方面请求段祺瑞政府出兵相助，一方面采用阴谋手段对靖国军分化瓦解。9月，胡景翼旧部，彼时已是陈树藩手下团长的姜宏模写信邀胡景翼赴渭南固市面谈，胡景翼本想劝降姜宏模，却不想他也邀了陈树藩同来，胡景翼遭到陈树藩埋伏，被带回西安关押。于右任得知消息后，悲愤不已，命岳维峻暂任第四路司令一职。

当时，于右任第一次去日本就结识的同盟会老友井勿幕于上一年刚刚辞去关中道尹一职，说是闲居西安，其实受人监视，行动不便。陈树藩知其在革命党人中威望颇高，便企图让井勿幕说服胡景翼旧部倒戈。却不想井勿幕却借此机会加入于右任的靖国军阵营，于右任喜出望外，任井勿幕为陕西靖国军总指挥，于是有了“失一胡来一井，不减靖国军力量”之说。

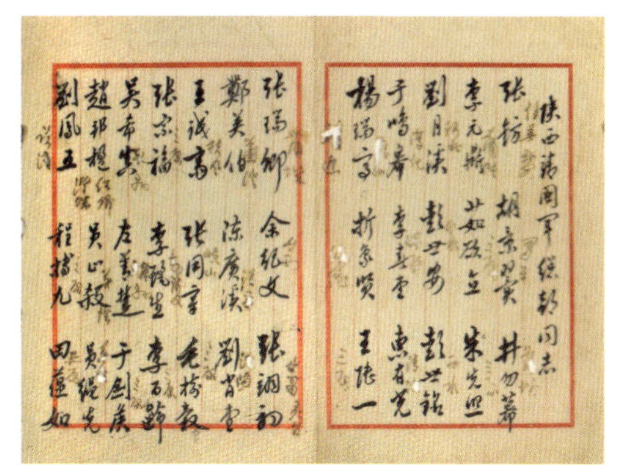
陕西靖国军总部同志
张钫 胡景翼 井勿幕
李元鼎 茹欲立 朱先照
刘月溪 彭世安 彭世祜
于鸣寿 李嘉堂 惠有光
杨瑞亭 折象贤 王张一
张瑞卿 余纪文 张翊初
郑美伯 冻广渓 刘肖重
王诚斋 张同亭 毛梓敷
张宗福 李镜堂 李西龄
吴希真 左义选 于剑虎
赵邦桢 吴心毅 吴缉先
刘凤五 程楷九 田蕴如

于右任手书部分靖国军将领名单

靖国军的三员战将（右起）：杨虎城、邓宝珊、张毅安

井勿幕果然不负所托，能征善战，连克数城，除陕西汉中部分地区为段系川军刘存厚部所盘踞，陕北镇守使井岳秀保持中立外，八百里秦川仅潼关大道为陈军占驻，其余广大地区，几乎尽归靖国军所有，这也是靖国军最为兴盛的一段时期。

1918 年 12 月，井勿幕奉于右任之命由三原至凤翔慰劳前线战士，途归兴平时，被第一路司令郭坚部下内奸李栋材杀害，取其首级投靠陈树藩。于右任悲痛欲绝，井勿幕之死，也使靖国军势气大减。

1918 年冬，第一路军连克乾县、武功、扶风、岐山，进驻凤翔，云南靖国军派叶荃支援陕西的第八路军也抵达凤翔、扶风。陕西靖国军在乾县召开军事会议，决定进军西安。陈树藩急忙向北洋政府求助，北洋政府随命奉军、直军、甘军、晋军、川军先后入陕援助，加上刘镇华的镇嵩军 8 千人，以及陈树藩所属 3 万人，共计约 10 万余人同时从四面八方包围了陕西靖国军，而此时，靖国军的五路兵力加起来不过二三万人。

面对巨大的军事压力，于右任烦闷至极，一筹莫展，1918 年 12 月 26 日，他致电孙中山报告陕西危情，然而，此时的孙中山手无兵权，无法提供切实的帮助，尽管无以为助，1919 年 1 月 5 日，仍复电于右任，高度评级靖国军的业绩，并勉励于右任等坚持斗争，并寄予深切的期望。

曾经于 1917 年南下的议员于广州举行非常会议，成立军政府，选孙中山为大元帅。孙中山昭告国人，誓师北伐，1917 年冬至 1918 年春一再电滇、黔、川、鄂出师会合陕西靖国军，略取西北，以抚鄂豫之背。于右任返陕之初，各省援军尚且积极，然而 1918 年孙中山愤辞大元帅之职，各省援军除叶荃（云南靖国军）外，纷纷折回。

但是有了援军的陈树藩有恃无恐，联合刘镇华于 1919 年 1 月大举进攻陕西靖国军，双方实力悬殊，靖国军尽最大的努力奋力作战，仍损失不小，节节败退，丧失数地。1 月 27 日，名将董振五不幸战死，使于右任又一次遭受沉痛的打击。于右任在致上海友人的信中说："故人厚我，当捡我骸骨于战场灰烬中也！"此时，陈树藩一边猛烈进攻靖国军，一边强行拉拢民夫修建隧道，导致死伤不计其数，奉系

陕西靖国军第三路第一支队追悼烈士

于右任硬笔手书《忆旧事稿》(部分)

军阀更是胡作非为，奸淫掳掠，无恶不作，人民处于水深火热之中，悲惨状况无以言说。

于右任深陷危局手足无策，只能与孙中山商议将希望寄托于和谈，1919 年 2 月 20 日，南北和谈在上海正式召开。双方公推旧国会议员张瑞玑等为陕西划界专员，立即赴陕调解，但因为张瑞玑公然偏袒陈树藩，谎报军情，助长了陈树藩的气焰，仍继续对靖国军用兵。3 月 11 日，于右任严词电告南北和议代表团，并通电全国，揭露张氏，痛斥北洋军阀“在北杀人，在南欺人”。自“停战划界”后，陕西靖国军的区域越划越小，从原来的十余县被压缩到仅剩八个县。第一、二路司令樊钟秀和郭坚与奉系军阀许兰洲局部议和，归附许军，陕西靖国军力量再次削减。

1919 年夏，陕西遭遇百年难遇的旱灾，加上陈树藩下令断绝一切水陆运输，靖国军粮饷、弹械枯竭，总司令部甚至出现“常无钱买菜”的地步。靖国军苦战数月，缺粮少枪，人心浮动，内部矛盾不断激化，各自为政，争夺利益，开始瓦解。八路叶荃与六路卢占魁部在耀县争食，酿成流血事件，经于右任调解抚慰方才平息。1920 年 3 月，叶荃认为西北革命没有发展的余地，于是决定返回四川。卢占魁亦随之而去，行至广元，卢部溃散，靖国军再次受挫，士气大减。

1920 年初，直系、皖系矛盾激化，直系军阀冯玉祥带兵进陕，要赶陈树藩下台，皖系走卒陈树藩走投无路，决定以释放胡景翼为条件与靖国军讲和。就这样，结束了近 3 年囚禁生活的胡景翼得以重新返回三原，于右任命其为陕西靖国军总指挥。

此时陕西靖国军内部的矛盾再次升级。由于靖国军中的各路将领成分复杂，由来自各个阶层、不同出身的人员组成，大多没有接受过正规的训练，再加上北洋政府的分化、拉拢，当时饥荒连年，内外交困，战事吃紧时，各路将领不再筹划退兵之策，而是拥兵自保，各寻出路，有的相互对立，公然为敌，甚至敢违抗于右任的军令。同年冬，于右任气愤出走耀县东面的药王山，愁叹“茫茫何处是归途”。各将领心中不安，环山而立，请于右任下山，于右任无奈又回到三原。尔后，靖国军各部情况并未有所改变，似一盘散沙，司令部也形同虚设。

1922 年前后的于右任

1921 年 5 月，直、奉两系军阀控制下的北洋政府下令撤去陈树藩陕西督军一职，由直系师长阎相文接任。7 月，阎相文、吴新田、冯玉祥率部进陕。陈树藩受到直系军阀和靖国军的左右夹击，土崩瓦解，逃往汉中。靖国军各路趁机抢劫陈军的物资，为争俘获，彼此不惜内讧火并。屋漏偏逢连阴雨，当时，副司令张钫因父病故，辞归豫地为父守丧，只剩于右任一人孤掌难鸣。

当时段祺瑞和陈树藩相继下台，靖国军内部便有了“倒陈陈已去，反段段已倒，靖国军的任务完成了”之说。陈树藩逃跑之后，直系军阀直接将矛头指向陕西靖国军。冯玉祥先是诱杀了靖国军部实力最强的郭坚，并对其他各部分化瓦解，诱使他们接受改编。分头请说客劝说于右任和胡景翼。表示愿月出三千大洋聘请于右任担任总统府高等顾问，授予一等文虎章，或屈就陕西林垦督办一职，均被于右任嗤之以鼻，断然拒绝。

胡景翼认为连年战争，渭北家乡生灵涂炭，兵民困苦，已无力支撑，不如保存实力，拥护直系吴佩孚。提出“从权受编，忍辱待机”“假途直军，另谋出路”等借口，擅自将所部接受直军改编，并出任师长。接着，第四路曹世英和第五路高峻见靖国军大势已去，相继接受了直军和镇嵩军改编。于右任“以大义相责”，痛斥胡景翼等人的变节投敌行径。不久，胡景翼夜扣其门，于右任闭门不纳。

之后，胡景翼暗中指示先断绝接济总司令部每日的伙食，总部大门的招牌也被人半夜偷走。于右任身单力薄，只剩下他一个光杆司令，至 9 月，无奈退居三原西关民治校园内，写下了《民治校园杂事诗》前后 20 首，如其诗一二首所言：

诗一：

只余民治园中路，老病扶筇日几临。
客去偷闲眠树下，愁来不语立花阴。
移栽龙爪无灵气，败退鸡冠有备心。
为念归耕归不得，忘身桴鼓托哀吟。

诗二：

老作园丁喜不支，小畦荒秽复尤谁？
三棱草蚀除虫菊，二丑花缠向日葵。
别有伤心看落照，自锄余地种相思。
山川如故人情改，手捋苍髯唱黍离。

从此二首诗中可观其辛酸之一斑。

1922 年 1 月 17 日，胡景翼在三原“民国大会”后，突然派人包围了靖国军总司令部，下掉靖国军旗，夺走印信，焚毁公文，驱逐办公人员，士卒汹汹扬言将攻于右任住所。于右任闻讯，于次日冒雪撤往淳化方里镇。途中作《一月十八日淳化道中》诗记述他当时苦涩的心情：

冰雪犯戎装，征人出朔方。
艰难为大事，跋涉到穷乡。
百劫存肝胆，空山老凤凰。
通天台在否？君莫问穹苍！

3 月 23 日，坚决反对改编靖国军的第三路军第一支司令杨虎城此时驻扎在武功、扶风间，他力请于右任西巡武功。于右任到达武功后，为了重振靖国军军威，在此设置靖国军总司令部行营，命郭坚残部李夺为第一路司令，杨虎城为第三路司令，麻振武等为支队长，因武功距敌太近，于右任将司令部移至凤翔。

4 月，第一次直、奉战争爆发，冯玉祥奉曹锟、吴佩孚命令率领第一师出关参加直奉战争，陕西督军由刘镇华兼任。于右任趁机命杨虎城、麻振武进攻马嵬坡，向东扩大战果。杨虎城一举攻下马嵬坡，麻部却不予配合，留陕直军阎治堂纠集三万余人伺机反扑，在敌众我寡、兵力悬殊的形势下，杨虎城为了保全后方，撤回武功往凤翔方向转移。

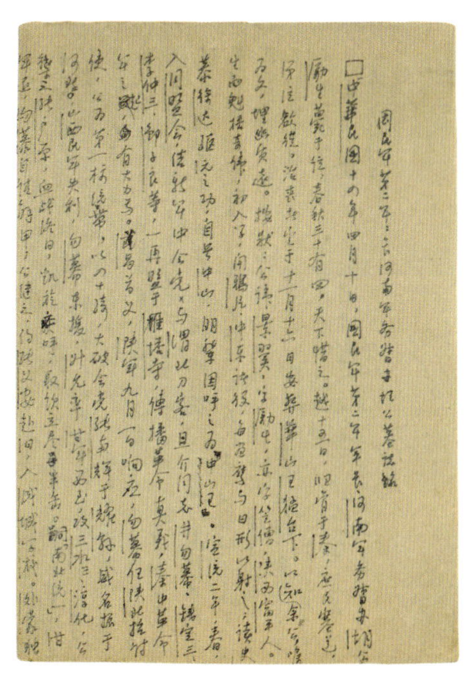

于右任《胡励生墓志铭》硬笔手稿（部分）

5 月 11 日，杨虎城率部撤至凤翔田家庄，与于右任共商后计，分析了当时的革命形势，权衡利弊，为了保留一点西北革命的种子，他对于右任说："请司令到广东去找孙先生，看今后该怎么办。我带队伍去沙陀国（指陕北），敬待后命。"当时，镇守岐山的麻振武已向直军通和言好。

5 月 31 日，于右任遣散总部全体人员，将所有兵械移交李夺部，次日，经甘肃南部转至四川，于 8 月初抵达上海。至此，历时五年之久的陕西靖国军宣告失败和解体。

于右任统领靖国军期间，虽然无法从根本上摆脱失败和解体的结局，但是有力地支援了孙中山在南方的革命事业，对推动资产阶级民主革命向前发展也起了很大的作用。尤其是于右任在靖国军期间，所从事的文化教育和兴修水利事业，为培养人才和造福西北人民所作出的突出贡献将永载史册。

西安解围

1922年8月，陕西靖国军解体以后，于右任等人离陕赴沪，谒见孙中山，详细汇报了陕西靖国军的斗争始末。当时在广州出任南方政府非常大总统的孙中山也因陈炯明叛变从广州退居上海，他热情鼓励因奉命不力而自责的于右任不要害怕失败，并说自己也是因为失败来到上海的，大家都要打起精神来，前途是乐观的。

1923年，在共产国际和中国共产党的帮助下，孙中山决定改组国民党，并逐渐确定了联俄、联共、扶助农工的三大政策。这项历史性的举措大大推动了中国近代革命历程，也给于右任提供了继续革命的源源动力。

同年1月1日，孙中山在上海发表《中国国民党宣言》。2日，中国国民党改组大会在沪举行。23日，于右任、陈独秀、廖仲恺等20人被孙中山任命为国民党本部参议。26日，于右任奉命携带孙中山给段祺瑞的手函前往天津会晤段祺瑞，请他支持孙中山在《和平统一宣言》里提出的“裁兵计划”。同年冬，陈炯明残部反扑广州，于右任策动当时隶属直军的旧部樊钟秀阵前倒戈，南下驰援，解围广州，并在国民军方面为“上海大学”（时于右任担任上海大学校长）筹措经费。

1924年初，于右任在广州协助孙中山筹备召开国民党一大和改组工作。1月10日，于右任受邀在《东方杂志》上发表《国民党与社会党》，提出“合则两益，离则两损”的著名论断，在国民党内部和社会上都取得了良好的影响。20 日，由共产党人和国民党人共同参加的中国国民党第一次全国代表大会在广东高等师范学校大礼堂隆重开幕。于右任作为陕西代表出席，并和廖仲恺、谭平山、李大钊、毛泽东等 19 人被共同推为党章审查委员。23 日，《第一次全国代表大会宣言》通过。30 日，新三民主义的政纲通过，于右任与张静江、胡汉民等 24 人共同当选第一届中央执行委员。

国民党“一大”胜利结束之后，于右任和张静江、叶楚伧等奉命返回上海重建上海国民党执行部的工作，瞿秋白、毛泽东等一批优秀共产党员也奉中共中央之命参加了此次工作。上海执行部成立之后，于右任被推为工人农民部部长。

同年 9 月 15 日，第二次直奉战争爆发。10 月 23 日，冯玉祥联合胡景翼、孙岳乘机阵前倒戈，发动“北京政变”，推翻曹锟政府；废除帝号，驱逐溥仪；共同宣布成立“国民军”，进入陕西、河南等地，并电邀孙中山北上主持大局。11 月 13 日，于右任奉孙中山之命先期北上与国民军诸将领取得联络，在车站欢迎的各界人士热情地称于右任为“西北革命巨子”。这一时期，于右任南北奔波，纵横捭阖，各处联络，策划革命，以十分积极的姿态活跃在北方的政治舞台。12 月 31 日，孙中山扶病抵京。

1925 年 1 月 26 日，孙中山病情加剧，决定成立北京政治委员会，指定于右任、汪精卫、李大钊、陈友仁和吴稚晖为委员，全权处理党政。孙中山先生病危时，于右任曾参与起草《总理遗嘱》。3 月 12 日孙中山逝世，于右任当时正奉命北上同张作霖谈判，未能守候在旁，引为毕生遗憾。

5 月 30 日，“五卅运动”爆发，席卷全国。不久，于右任、郭沫若、杨杏佛、戴季陶等各党派人士联合发起了成立中国济难会，以救助“为国家为社会而牺牲的人们”。6月25日，上海市各界追悼淞沪抗战阵亡将士及遇难同胞大会在天安门前举行，于右任被推为大会主席，参加者约30万。30日和31日他又连续两天在天安门前大会上怒发冲冠、声泪俱下地控诉帝国主义的恶劣行径，号召全国人民联合起来，实现国民革命，打到帝国主义！7月1日，中华民国国民政府在广州宣告成立，于右任当选为国民政府委员。12月31日，北京段祺瑞政府改组国务院，未经得本人同意，就将于右任等人列入内阁名单中，于右任态度坚决、拒不出任。

1927年6月10日郑州会议时的留影。前排左起：孙科、于右任、冯玉祥、谭延恺、汪精卫、唐生智

1926年1月1日，中国国民党第二次全国代表大会在广州召开，16日，于右任再次当选中央执行委员会委员。1925年冬到1926年初，国民军第一、第二军在晋、奉、直三方联合攻击下，中原、华北地区战事接连失利。1926年1月1日冯玉祥为避开奉军锋芒，被迫通电下野。直奉联军围攻京津地区时，第一军撤兵退至察哈尔、绥远两省。3月，冯玉祥暂时将军队交给了张之江统率，自己轻车简从由集宁平地泉启程赴苏联寻求军事援助。同月，国民二军与奉军作战，败于河南，刘镇华率兵围攻陕西，在陕西的国民三军形势危急。

在冯玉祥抵达恰克图时，苏联政府派熟悉当时中国形势的专家鲍罗廷到边界迎接，并进行了相关会谈。鲍罗廷建议一筹未展的冯玉祥执行孙中山的建国方略并加入中国国民党，冯玉祥表示同意。两人的谈话记录由苏联政府驻北京大使馆传给了中国共产党北方局书记李大钊。冯玉祥下野出国原本为了缓和奉军攻势，不曾想却适得其反加速了奉军各路军阀的围攻之势。北方的国民革命彼时面临着巨大的考验。于右任欲收拾旧部，支援陕西。正值此时，李大钊也为了解北方革命之急，请于右任同翻译马文彦赴莫斯科敦促冯玉祥尽快回国参加国民革命。

在国民革命军一、二、三军接连战败之后，于右任当时也遭到奉军严令通缉，他在旧部孙殿英的秘密护送下，乘坐军用货车，离京赴津，又辗转到沪，直到 6 月中旬，于右任和马文彦才由上海搭乘苏联

“五原誓师”15 周年，于右任与冯玉祥在成都合影

货船北上。于右任秘密出京之时，李大钊已电约冯玉祥与于右任在上乌丁斯克与于右任晤面。于右任抵达上乌丁斯克时冯玉祥已应苏联政府邀请前往莫斯科，此时于右任又因经费不足不得不滞留上乌丁斯克。当时刘镇华的十万镇嵩军已经占领咸阳、西安三桥，西安城岌岌可危，李大钊一方面致电于右任尽快催促冯玉祥回国重整部队，撤往西北，以谋后计；一方面为于右任解决了经费问题。

7 月 9 日，国民革命军誓师北伐。7 月下旬，一路颠簸、历经艰险的于右任终于抵达莫斯科，向冯玉祥转交了李大钊的亲笔信，并与冯玉祥进行了秘密商谈，冯玉祥表示完全接受李大钊在信中提出的“进军西北，解西安围，出兵潼关，侧应北伐”的方针，所以双方很快达成协议。之后，二人又就回国的路线和时间进行了探讨。在这期间，李大钊再次发来急电：“察绥战局恶化，西安求援急如星火！”让于右任敦促冯玉祥早日起程回国。8 月 13 日，上海《民国日报》刊登的北京特约通信写道：“临潼、渭南、华阴、华县、商洛、同州、朝邑等十多县及渭北各大镇，前后为刘氏之嵩军占据，恣意诬扰，闾阎为墟。如临潼之士绅段南臣、寇枚臣、张铸等 11 人，均由嵩匪绑至县内行营，用刺刀刺背三口，以白布浸食油使火燃之，迫令交款，各索三万五万不等，日日以此极刑拷之，钱未交齐，人竟毙命。渭南绅士李少白、刘鸿基六七人，或用上项刑拷或以椒面及醋灌诸鼻孔，置刘、李于死地。其他各县富绅财主死者，不胜枚举。最难堪者，强劫奸淫之不足，船载妇女东行，月必数起，是可忍，孰不可忍。省东人民逃之尽已，似此情形，刘氏在陕，尚能立足乎？”

于右任听说北方战事吃紧，家乡人民惨遭涂炭，焦急似火，归心似箭，便在 8 月中旬先期回国。冯玉祥致电于右任在上乌丁斯克等候，于右任在上乌丁斯克碰到史可轩听说了一些北方战局情况，心中愈发焦虑，于是没有等候冯玉祥直奔库伦。冯玉祥再次致电于右任在库伦等候。此时于右任在又收到李大钊来电称国民一军残部已有倒戈，问题相当严重，要他尽快敦促冯玉祥归国收拾残局。于右任听闻更是如坐针毡，于是电告冯玉祥“先归收拾残局”，径直南下。冯玉祥始觉问题的严重性，于是与苏联顾问尽快赶到了库伦与于右任会合，又因事在库伦停留数日，于右任等人便先行启程。

一望无际的茫茫戈壁，人迹罕至，寸草不生。于右任一行归国途中几经危难，艰辛备至，九死一生，先后遭遇靖国军第六路卢占魁部下溃军、鹿钟麟部溃军之骚扰劫持，还差点因车祸丧命，幸好在行至固阳县西北处与冯玉祥的车队不期而遇。于右任曾说：“这一段旅程，对于我有很深刻的回忆，很重大的启示。就是要在没有路的地方，走出路来！要在大沙漠中找出汽油和水来！只要干，只要有勇气，没有走不通的路、做不成的事！”

于右任、冯玉祥等人于9月中旬抵达内蒙古西部的五原县城。他们立即召集孙岳、方振武、弓富魁、徐永昌、邓宝珊等退至此处的各路将领们开会，决议组建国民联军，大家公推冯玉祥为国民联军总司令。官兵精神也都为之一振，期待总司令带领他们重整旗鼓，收复失地。9月17日，国民联军在五原县政府西侧的广场上举行了闻名中外的誓师大会，冯玉祥庄严就职，发表宣言，表明进行国民革命，响应北伐的决心。并通电全国，宣布：“国民军之目的，以国民党之主义，唤起民众，铲除卖国军阀，打倒帝国主义，以求中国之自由独立，并联合世界上以平等待我之民族，共同奋斗，生死与共，不达目的不止。”于右任以中国国民党中央执行委员会常务委员的身份向国民军联军授旗，将五色旗更换为青天白日旗。刘伯坚宣读誓师宣言并讲话，苏联顾问乌斯马诺夫被聘为政治军事顾问，国民军主要将领，当地官员、乡绅等万余人参加了大会。会后，冯玉祥和于右任扛着旗帜，率领全体官兵在五原街上进行了武装示威游行。

誓师结束之后，国民联军在军事战略上产生分歧。当时刘镇华部围困西安已8月有余，正值“二虎守长安”最为艰苦的时期，城中军民衣食无着，饿殍遍地。冯玉祥与于右任等商议在用兵策略上采取李大钊的建议，进军陕甘，解西安之围，然后东出潼关，策应北伐。于右任被推为副总司令兼驻陕总司令，冯玉祥将孙良诚、吉鸿昌、孙连仲、方振武、马鸿逵、刘汝明部共2.5万多人（对外号称10万），拨给于右任指挥，并派孙良诚为援陕总指挥。

于右任救陕心切，随援陕先头部队马不停蹄赶回陕西。他们取道宁夏、固原、平凉等地，方抵陕西境内，10月初，于右任召集孙良诚、邓宝珊、吉鸿昌等国民军联军将领和苏联顾问在乾县召开军事会议，制订了解救西安的作战计划，决定采用包抄迂回的方式，分路会攻敌军。国民联军援陕力锐，刘镇华腹背受敌，只得集中兵力，将围困三原的部队撤去。10月20日，于右任一行进驻三原，他在群众欢迎大会上别有风趣、意味深长地说：“乡亲们，过去我回家乡来，是端着一盆糨糊，东墙一抹，西墙一抹。而这次我回来背来了一个大包袱，里面包的是主义，是救国救民的革命主义！”到达三原后，于右任迅速组织成立了国民军二、三军联军总司令部，亲自担任临时总司令，他日夜奔忙，研究作战计划，鼓舞士气，筹集粮款，并多方联系各路国民军对刘镇华进行全线总攻。初冬时节，阴雨连绵，国民联军千里远赴援助，疲惫不堪加上枪弹、粮食供应不足，形势非常严峻，一度发生危机，于右任和苏联顾问发挥了领导核心作用，坚定士气，坚持到后续援军赶到，西安城内的旧部杨虎城和李虎臣也积极应策，内外兼攻，殊死血战，终于在11月27日使刘镇华军心大乱，全线撤退，镇嵩军如一窝蜂四处逃窜。饱受战火摧残，被围困了八个月之久的西安城终于解围。西安解围有力地保护了西北革命根据地，同时亦对北伐提供了有力的支持。在中国共产党北方区委的指示下，在陕工作的共产党人号召民众拥护于右任和冯玉祥，并邀请于右任来陕主政。12月22日，于右任正式就任国民军联军驻陕总司令之职，开始筹办战后工作。

主政陕西

国民军联军驻陕总司令部为北伐期间陕西的最高权力机关，代行省政府职权，主要目标是推翻北洋军阀反动统治，是以军事为主、以行政为辅的过渡性政权，由共产党员和国民党左派及各界进步人士共同组成。于右任出任驻陕总司令后，积极奉行孙中山“联俄、联共、扶助农工”的三大革命政策，和共产党人真诚合作，一同将陕西的革命运动推向高潮。

1927 年 1 月 1 日，国民军联军驻陕总部组建就绪开始工作。于右任和副司令邓宝珊在发布的就职宣言中号召人民“共同起来呀！建设美满幸福的新生活吧！并为中国之独立自由来与帝国主义奋斗啊！最后的胜利必归我们！…… 我们不要在冲锋阵上迟疑不前啊！……”

在国共两党人的共同努力下，驻陕总部废除旧律，颁布新令，在政治、经济、文化教育等方面都提出了改革措施，主要内容包括：广泛开展平民教育运动，实施义务教育；取消苛捐杂税，减少农民地租；实施《临时劳动法》，保护和提高工人待遇；制定《暂行婚姻条例》，维护妇女儿童合法权益，支持妇女解放；修改民法、刑法，支持人民群众民主革命运动。政治部和教

1925 年前后的于右任

育厅还翻印了大量革命书籍，并允许各种进步书刊公开发行等，许多在当时都是非常先进的举措。

1 月 15 日，驻陕联军总部召开陕西省革命大祭筹备委员会，决定将西安旧皇城改名红城。于右任在莫斯科的所见所闻对他这一时期的思想产生了很大的影响，他常常慷慨激昂地讲述自己莫斯科之行的见闻和感受，和人握手时的口头禅也经常是“赤化！赤化！”。于是效仿莫斯科红场将西安的旧皇城改为“红城”，亲书“红城”二字悬挂于南城门上，并命人将“红城”和钟楼以及东大街商店的门板一律染成红色，甚至将执勤警察的帽子和指挥棒都制成红色。于右任还亲自书写了无数“打倒帝国主义！”“铲除卖国军阀！”“一切利益归于民众！”“国民革命成功万岁！”等标语张贴于大街小巷，宣传革命思想，使西安成为呼应广州的北方革命中心。21 日，西安各界在红城举行俄国革命领袖列宁逝世三周年纪念大会，于右任和苏联顾问乌斯曼诺夫发表演说。

新潮激荡，人心奋发，各种工农运动、学生运动、青年运动、妇女运动都在西安各地此起彼伏、蓬勃发展，使陕西成为北方革命运动最为发达的省份，为推动全国国民革命运动走向高潮做出了有力的支持。于右任公务繁忙之余也经常受邀参加群众运动，他热情洋溢，慷慨陈词，受到大家的热烈欢迎。为了适应革命形势的发展，培养革命人才和党政干部，于右任还成立了中山军事学校、中山学院等一批教育基地，并对史可轩、李林、邓小平等委以重任，积极推进国共两党合作关系。

26 日，冯玉祥抵达西安。不久即成立国民党西北政治分会，召开西安军事扩大会议，整改军队，成立国民军联军总司令部，冯玉祥任总司令，筹备出兵潼关，策应北伐。

于右任主政陕西报刊剪影

3月13日，于右任为纪念孙中山逝世两周年和西安城被围期间的死难军民，举行革命大祭，约10万人共同参加。他和冯玉祥与军民一起负土填坑，动用了大量人力、物力，搜集城内外无人掩埋的遗骸，集体安葬为两大冢，建设革命公园。于右任亲笔撰写了《西安负土碑铭》：“殉难人民碑辞：长安之民，为革命守；长安之城，为革命有；以牺牲而求解放兮，将脱人群于锁钮；世方同此饥荒兮，御长围之既久；伫白日兮青天；慰幽冢兮不朽！”以及《阵亡将士碑辞》：“民族之战士，战于是，守于是，葬汝骨于是。世界不平决然扫荡，民生困苦孰为此状，以主义为垣墉，以精诚为甲仗，碧血兮人间，繁华兮塚上，革命成功兮，歌永壮。”

西安被围困的8个月，城内粮弹尽绝，病、饿、冻、战死的军民达5万之众，约占当时西安城内人口的四分之一，触目惊心，惨绝人寰。于右任曾在1945年作《中吕·醉高歌：追忆陕西靖国军及围城之役诸事凄然成咏十首》追忆此事，凄怆慨然。

战后的西安城脏污狼藉，于右任和冯玉祥一起走上街头身体力行并号召军民开展城市卫生运动，恢复古城仪容。

同年3月10日至17日，由国民党和共产党人共同参加的中国国民党二届三中全会在武汉召开，会议重申孙中山的革命三大政策和坚持国共合作的根本原则，旨在恢复和提高党权，为防止个人独裁和军事专制，免去蒋介石的中国国民党中央常务委员会主席、军事委员

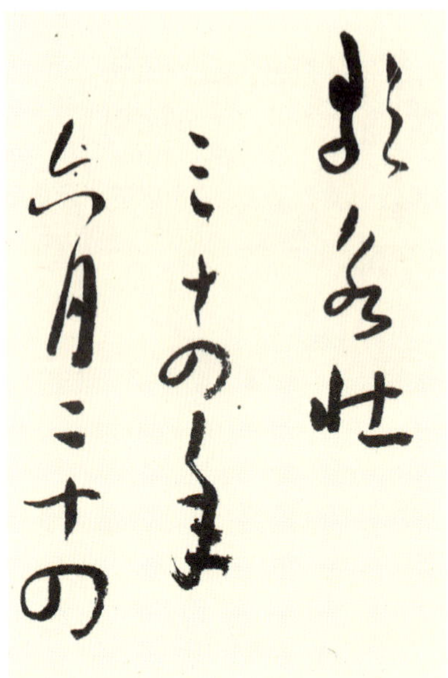

西安负士冢碑铭

会主席和组织部长的职务，但仍保留其国民革命军总司令一职。同月20日，国民革命军北伐战争中由广州迁都的第一个政府——武汉国民政府成立，于右任继续担任武汉国民政府委员，并发出通电表示完全拥护国民党二届三中全会的各项决议。

4月17日，汪精卫以武汉国民党中央的名义发表通电："蒋中正屠杀民众，摧残党部，甘心反动，罪恶昭彰，已经中央执行委员会议决，开除党籍，免去本兼各职。着全国将士及革命团体拿解中央，按反革命罪条例惩办。"18日，蒋介石建立南京国民政府，与汪精卫为核心的武汉国民政府形成对立。28日，李大钊等60余名共产党员惨遭奉系军阀杀害，于右任在追悼大会上亲自介绍"李守常同志革命史略"，声讨反动军阀罪行。

冯玉祥的国民军当时不断扩大，军饷和装备问题日益凸显，再加上武汉国民政府供给不足，据冯玉祥所述：1927 年初，国民军的士兵已是“衣履俱无，粮秣不给，军械缺乏，俱赖补充，凡此困难已非一日。每日自晨至夕，各将领索饷请械之文电必至百余起，毫无应付之方，实陷匮绝之域”。冯玉祥虽为此焦心如焚，却计无所出。此时，蒋介石对他啖以重利、百般拉拢，往昔和于右任靖国军时期的操戈相向，“北伐”期间农民协会抵制其部队征粮征兵的往事又历历在目，于是，冯玉祥思想右倾。除此之外，与冯玉祥本身的性格问题也有很大关系，导致他在一些重大军事决策中犹豫不决，左摇右摆。5 月 1 日，冯玉祥出任蒋介石的国民革命军第二集团军总司令，他的总部也移至潼关。6 月 1 日，冯玉祥的军队与武汉国民政府的北伐军会师中原。期间，于右任曾规劝冯玉祥将孙中山的三大政策坚持到底，而冯玉祥主张将北伐进行到底，两人意见相左，不欢而散。10 日至 11 日，武汉政治委员会主席团在郑州开会，于右任和冯玉祥受邀由西安赴郑州参会。会上，汪精卫任命冯玉祥为河南省政府主席，于右任为陕西省政府主席兼第六方面军总指挥，当时政治风云诡秘莫测，于右任托故未就。会前于右任曾告诉冯玉祥自己有意随武汉代表团南下，冯玉祥欲对于右任持以自重，说：“你不得去！”武汉国民政府成员听闻冯玉祥将与蒋介石的南京政府合作，唯恐被冯玉祥扣留，会后便匆忙登上南下的火车。就在冯玉祥和于右任急忙赶往火车站送别武汉代表团时，于右任便趁机登上了刚刚启动的火车，与冯玉祥不辞而别。

刚到武汉的于右任壮志凌云、意气风发，对中国革命充满希望，可他终究为一介书生，面对各个派系之间的种种矛盾，在政治的旋涡中苦苦挣扎的他也渐渐由激昂变为沉默，饱尝宦海沉浮之苦。

自蒋介石在上海发动“四一二反革命政变”后，以汪精卫为首的武汉国民政府也逐步走上公开反共的道路。不久，“七一五反革命政变”爆发，汪精卫集团对共产党人和革命群众展开了疯狂的大屠杀，第一次国共合作宣告失败。为了“合作清党”“统一党务”，9月，蒋介石的南京政府和汪精卫的武汉政府宣布合并，史称“宁汉合流”。“宁汉合流”后的政府，仍称南京国民政府。10月30日，南京政府宣布重组陕西省政府，任命于右任为主席，于右任仍未就职。

1928年2月，国民党二届四中全会在南京召开，于右任被推选为国民党中央执行委员会常务委员、国民党中央政治会议常务委员、南京国民政府军事委员会常务委员。3月，于右任又被推为审计院院长。同年夏，于右任的长女于秀芝遭人举报为共青团员在南京被捕，于右任为免遭授人以柄，不便过问，后经李钧烈保释出狱。于右任深知这是国民党内其他派系故意让自己难堪。8月，从欧洲考察回来的胡汉民与蒋介石谈判合作，改组南京国民政府，成立五院制国民政府，胡汉民到南京之后立即将于右任的部分职权接收过去，当时政治环境敏感压抑，于右任感到精神苦闷，为了避免卷入派系林立之间的种种矛盾，9月便赴上海，至苏州等地游览，转移心境。10月10日，蒋介石在南京中央党部宣誓就职，出任南京国民政府主席，国民党的党政军大权全都掌握在蒋介石手中。

1929年初，中国国民党第三次全国代表大会前夕，蒋介石为了独揽大权，对所有参会代表采取圈定和指派的方式，于右任赶到南京以“中央常委”的身份递交了一份自拟的名单，结果被代蒋介石审查提案的陈果夫全盘否决，14日，于右任愤而离开南京，因此未出席大会开幕，会上，他和蒋介石、胡汉民、谭延闿等九人被共同推举为大会主席团。27日，大会选举于右任等36人为中央执行委员会常务委员。

当时政治上无能为力的于右任长居沪上，只能用观赏园艺和烹饪来消磨时光，或以读书、写字自娱，也是从这个时候开始了对历代草书之研究。许多会议中，于右任只对本职工作简要叙述，不言其他。8 月，赴陕赈灾。

1930 年 11 月 18 日，国民党中央第三届四中全会推选于右任为国民政府委员监察院院长，当时于右任尚在陕西赈灾，在南京国民政府的一再催促之下才于 1931 年 1 月中旬离陕，18 日到达南京，19 日在国民党中央部的总理纪念会上报告陕西灾情。2 月 2 日，宣誓就职。同年“九一八事变”爆发，京、津、沪等地学生纷纷到南京请愿，要求抗日并砸了外交部，遭到军警镇压殴打，于右任为使被捕学生免遭迫害，跪地相求，被捕学生才被释放。

1932 年，“一 ・二八”事变在上海发生后，于右任前往吴淞口慰问守军，对英勇抗敌的十九路军将士倍加赞许。同年，南京国民政府迁都洛阳，于右任来洛参加会议。虽然于右任在南京政府中身居要职，威望甚高，但因不参与亦无实力与各派系进行斗争，所以一直不曾掌握实权，能够真正决策的事情非常少。面对日本帝国主义的步步侵入，蒋介石的消极不抵抗，他痛心不已，只能借诗抒怀，借景抒情，于洛阳写下了“烈风雷雨原天意，君欲东征莫问天”“满目创夷同一概，回车痛哭我何能”等名句。他在政治上的有心无力，不得已而奉行中庸之道，隧将部分精力转化到文化教育和书法艺术的研究发展上。同年 12 月，于右任在上海创立“标准草书社”。

监察之父

1927 年，为了培养革命人才和党政干部，于右任还成立了中山军事学校等一批教育基地，并对史可轩、邓小平等委以重任，积极促进国共两党合作关系。2017 年，作者及两名学生（刘蕊凤、郭博）有幸陪同于右任三公子，美国航天科学家，于中令先生拜谒中山军事学校遗址。于中令先生提倡中国传统文化，对教育也是非常重视，几经打听，终于得知所在位置，只可惜历经沧海桑田，中山军事学校已不复存在了。

1928 年 10 月 10 日，蒋介石在南京中央党部宣誓就职并出任南京国民政府主席后，即以孙中山主张在中国实行“五权宪法”，实行立法、司法、行政、考试、监察五权分立的原则，在国民政府下设行政院、立法院、司法院、考试院及检察院五权并立的体制，直接对政府负责。其中蔡元培被提名为监察院首任院长，但他拒不上任，因此，挂以虚名至次年 8 月。1929 年，蒋介石为了拉拢阎锡山，委其亲信赵戴文为第二任监察院院长，赵一直赖在山西不肯赴南京任职。1930 年，国民党召开“三届四中全会”，改任于 1928 年 3 月担任国民党中央执行委员会常务委员兼审计院院长的于右任为国民政府监察院院长。当时，于右任正在西北赈灾，直到 1931 年 1 月才返回南京，于 2 月 2 日宣誓就职。

于右任一上任便制定监察制度，确立“用人唯才”的原则。2 月 16 日，经于右任提名，南京政府任命刘三、朱庆澜、于洪起、高一涵、

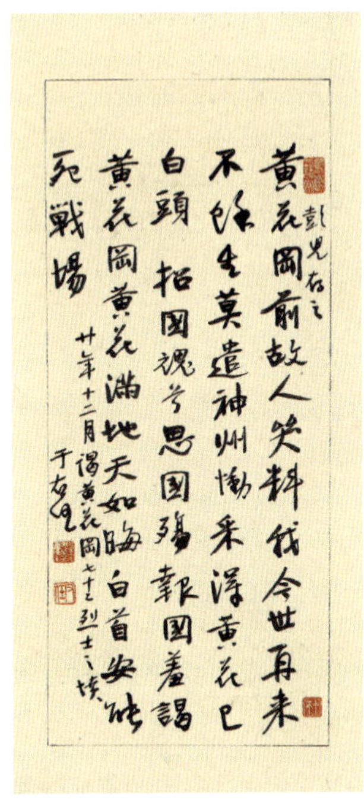

《于右任谒黄花岗七十二烈士》诗作

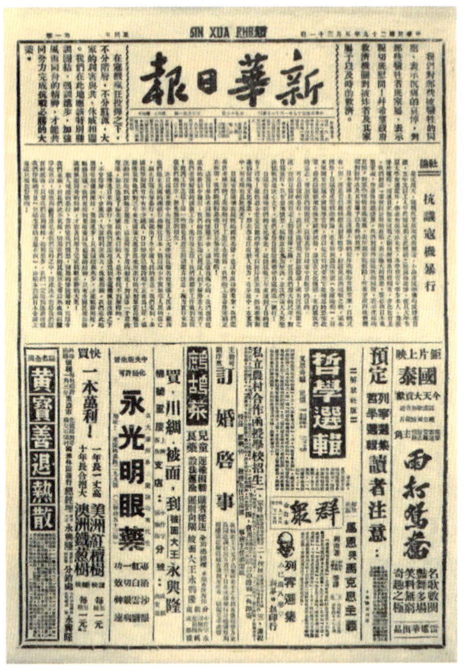

1937 年《新华日报》

叶荃、奇子俊等 23 人为监察院的监察委员。于右任在遴选委员时主张尽量普及各地区间的平衡，为了使各个监察委员独立行使职权，不受干扰和牵制，又设计了一套组织体制及各种办事规章。

于右任上任之前，虽然监察院已筹备了两年，但并无任何实质性的工作，于右任接任后立即推进，将积存的数百件诉状，督促监察委员积极处理，监察委员们处理案件时发现困难，于右任立即同大家研讨解决办法，因此，监察院初期行使职权时，几乎每日召开会议，经常延至深夜。监察院在工作中获得的很多处理方法和制定的规章制度都是于右任和监察院同仁在一次次工作的经验中总结的。初期，监察院的职权仅有弹劾、审计两项。于右任和监察院同仁经多次会议讨论，将监察院的工作大纲确定为四项：一、划分检查区，分派监察使进行视察；二、派员分赴各公署及其他公安机关调查案卷册籍；三、公布人民控诉手续细则；四、审计工作。

非常时期，监察权力的运用对国家利益至关重要。于右任对监察权力之运用可谓煞费苦心。于右任经常勉励各监察委员，在工作中注意施政得失、人民疾苦，对提案较多者，予以鼓励；对结果可能有不利于国家之提案，虽仍依法不予干涉，但仍尽量设法使提案者了解政府处境，及其提案可能引起的后果。

4 月 16 日，监察院弹劾了四川綦江县县长吴国义违法滥刑、江苏灌云县县长胡剑锋违法吞款贪赃，并将他们交行政院撤职查办。当时国民党内，贪官污吏多为那些手握大权、身居要职者的亲信，受贿案件层出不穷，监察人员即使实心办事也是重重困难，甚至还会引火烧身。于右任曾一再要求授予监察院惩治贪官之权，但各种利益相连，被当权者断然拒绝。于是，民间便传监察院"只拍苍蝇，不打老虎"。于右任面对种种非议解释道："一个蚊虫，一个苍蝇，一个老虎，只要它有害于人，监察院都要过问，并不是专打小的而忘记大的，也不是专管大的而不管小的。"

于右任所说并非空话。1932 年 1 月 28 日，日军在上海发动淞沪会战，由于蒋介石的不抵抗政策，奋起抗击的十九路军缺少后援，苦战局面难以支撑，遂告失败，被调往福建。

于右任在监察院时期的合影

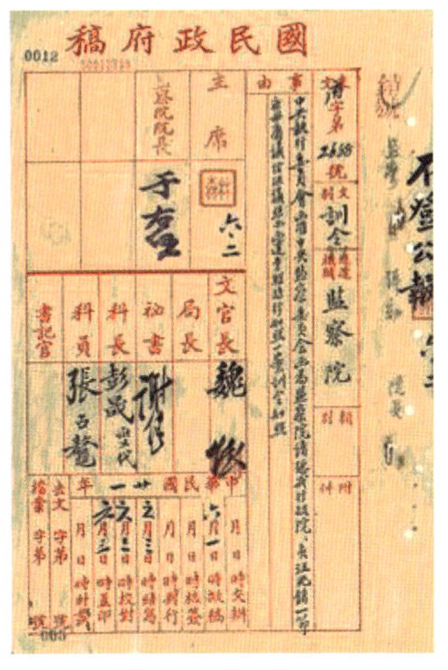
國民政府稿

于右任弹劾汪精卫公文

于右任照片

5 月 5 日，国民政府同日本签订了耻辱的《淞沪停战协定》，全国舆论一片哗然，强烈谴责汪精卫的卖国行径。于右任知道之后，极为愤怒，以上述协定未送立法院审议即与日方签订协定为由，提出弹劾与日方谈判的行政院院长汪精卫。汪精卫去就，行政院交与宋子文负责。谁料宣布下野的蒋介石复出，再度邀请汪精卫担任行政院院长。

之后，于右任曾说：“汪不了解弹劾案正是给他在对日外交上的有力支援，他对办理停战协定的交涉只有好处而无坏处。汪不了解，蒋太糊涂。他们全不为国家民族的前途打算，反以我为对象，我还干什么！”

同年 6 月，国民政府铁道部部长顾孟余在向国外购买铁路器材时，贪赃枉法，营私舞弊，且有丧失国家主权之罪，于右任主持监察院立案调查，并将所有事实公之于众。顾孟余乃汪派大将，此事一出，时汪精卫便利用国民党中央政治委员会主席之职权在有关会议上提出，修订补充弹劾案办法三条，特别规定，凡弹劾案在惩戒确立并移交惩戒机关前，监察院不得擅自披露弹劾案具体内容。对于汪精卫的这些修改补充意见，于右任表示断不能接受，当面和汪顶撞起来。于右任认为独立行使监察权，已有明文规定，各院院长不得借口干涉，似此修改意见，绝不接受。当即提出辞职，拂袖而去，并径直回到陕西老家，以示辞意坚决。监察委员们闻讯后，向汪提出抗议，并向舆论界表示："不愿在内忧外患严重局面下，惹起政潮，但决不忍使监察制度因此而牺牲，决本五权分立制度之精神，誓死力争。"7月16日，全体委员宣布辞职，表示与于右任同进退。在这种情况下，蒋介石等人出面斡旋，平息事态。汪精卫的修订补充办法未能如愿在国民党中央政治委员会上通过，又派人劝回于右任。顾孟余案拖至10月，国民政府政务惩戒委员会委员长钮永建出面宣布：经查实，顾孟余并无贪污之事，应不受惩戒。一场浩然正气的弹劾案终以闹剧收场。

1946年7月1日，新疆省联合政府成立，省府委员在迪化西大楼举行宣誓就职典礼，国民党政府监察院院长于右任亲临监誓。图为就职仪式的主席台。落座者左起：伊斯哈克伯克（左二）、包尔汉（左三）、阿合买提江（左四）、张治中（左五）、于右任（左六）

1946年于右任在迪化机场

于右任与家人

仅1933年，于右任就弹劾了六位省政府主席，但大多是在下台以后才被弹劾受到惩戒的。那些正在台上、重权在握的高官们，就很难被弹劾。于右任只好仰天长叹："为民鸣不平难矣！"

抗日战争时期，为了全力投入抗战，于右任派监察委员和各区监察使视察伤兵与难民的安置情形，慰问战区民众，纠弹贪官污吏。在视察中发现，许多贪官污吏滥用职权，因此，他在1938年10月24日国民党中央党部纪念周上，提出寄望于官吏者："要当深自惕励，及时奋勉，时时以清、慎、勤三字自守自励，而抱与天下共甘苦之精神。"他更曾在给于望德的信中写道：

望德：

奉中央命，政府将要移。国事至此，更当自勉。终夜不寐，起而为汝写数字。

国事到为难处，我每感痛苦者，即所学不知以应变，欲报国家，有心无学，皆设空想。我尝说，学无用之学，等于痴人吃狗粪。汝此后将自己所学，要切实检查一过，以后用功，要往切实处才是，汝所学告段落后，我是盼汝等归国。目前无费，故嘱多住几日，倘路费寄到，回国后广州如不好走（粤汉敌人轰炸），即到上海家中蛰伏，多做东西。国中多少事，也可以明白。我少担任一份学费，在工作上可以增加力量，国家总帐上也可减少几文支出。我前途如不幸，民族复兴之大业，望汝弟兄两媳两孙继承。

右任

十一月十六日早五时于南京

1941年，于右任赴西北视察，当地民众有不远数百里，裹粮步行，在大风沙中鹄立终日愿睹于先生者。求字者接踵而至，于右任毫不拒绝，常至深夜不能就寝，给当地人民留下了深刻的印象。但后来有人向蒋告密："西北只知有于右任，不知有蒋委员长。"

1941年1月，皖南事变，国民党顽固派处心积虑地破坏国共合

于右任与昆峰合影

于右任与国际友人合影

1948 年竞选副总统投票

于右任搭乘飞机离开大陆

作。这时有人在蒋介石面前告状，说于右任的女婿屈武同共产党暗地勾结，并与苏联武官处进行非法联系。故蒋对于很不满，之所以不撤换、仍委以监察院院长之职，无非是要利用于右任在国民党人中的威望。由于蒋介石对于右任尊而不亲，加上监察院院长是个位尊而无实权的职务，想要做点澄清吏治收拾人心的工作，也难以发挥作用。于右任常发牢骚：“连打苍蝇都要受到种种限制，更谈不到打老虎了！”

于右任在 1949 年 3 月 26 日曾提出辞去监察院院长职务，但因各种原因，结果在一片“挽留”声中，被胁迫飞往台北。至此，直到 1964 年 4 月 11 日病逝，于右任共担任 33 年监察院院长之职。

太平老人

于右任对自己这个“书生司令”在靖国军时期，属下部将被直军“招安”，自己逼迫之下“退居”等情节常常反思，后来还经常研读《孙子兵法》等军事著作，并探究与军事关系密切的地理学知识。1941年重庆《大公报》刊出他的论文《中南半岛之范围命名》，他在文中指出，世间习用的“支那半岛”这一地理名称中使用的“支那”一词，有侮辱我中华民族之含义，应据理正名，改为“中南半岛”，“足以使国人纪念警惕”。中外各方人士阅后积极拥护，认为这是对地理学的一个重要贡献。“中南半岛”一词自此始，一直沿用到现在。

1943年3月15日，重庆各大报又同时刊出于右任《太平海》一

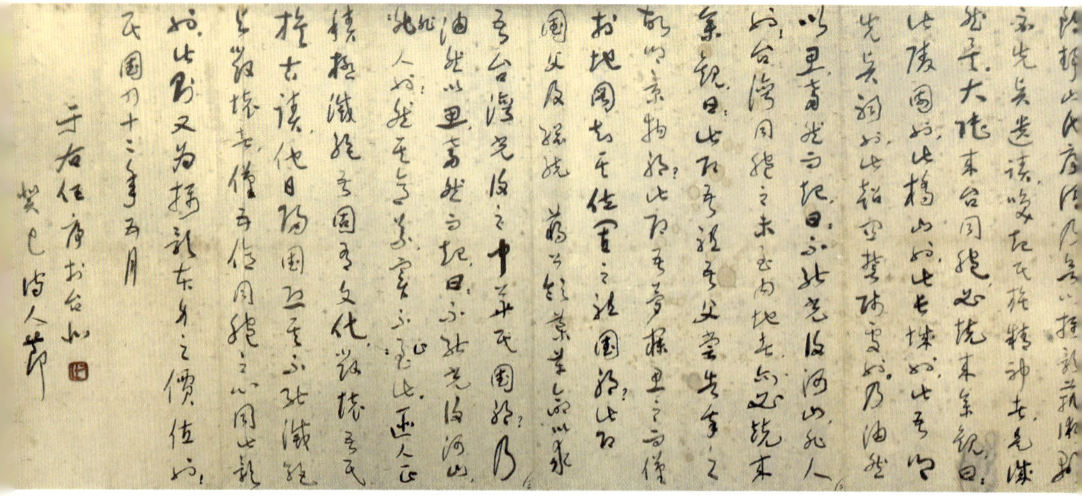

于右任书祖国河山摄影展序

于右任照片

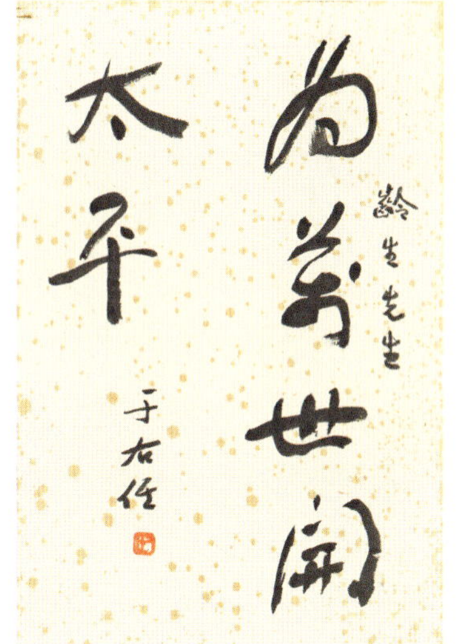

“为万世开太平”

1958 年，于右任在台湾复旦中学讲话

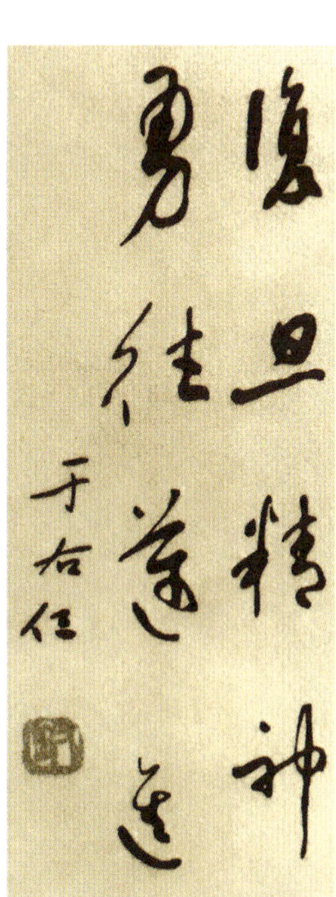

为台湾复旦中学题词

“太平老人”印章

文。他在文中指出：“人类之所以属望之太平，皆为翻江倒海之日本军阀的不太平，不乐浪，致使全人类陷入水深火热空前之浩劫”；“今者吾国家以百折不回之精神，艰苦奋斗，所为何事？非为世界人类之久远太平耶”！“即日本人民于此次创巨痛深之后，为亦渴望其所谓日本东海者，一度而为太平海”！故此，于右任提出用“太平海”取代“日本海”之旧名。7 月，重庆六个学术团体在北碚召开会议，各方一致盛赞此观点，兴奋之余，于右任为自己取字号“太平老人”，并请杨千里刻印一方以记之。

于右任身为监察院院长，其位列五院之尊，实则处处受到限制。他一生以“为万世开太平”为己任，渴望天下太平，但宏愿难酬，终以不太平的一生饮恨于台湾而不得还。我们读其 1962 年写于台湾的遗诗《望大陆》便可知，这位太平老人对祖国、对故园人民有着如泣如诉的深厚感情。

第六章 诗赋

于右任在一生繁忙的政务之余，写下了大量的书法作品，除此，他还创作了千余首诗词曲赋，成为近现代诗书双绝的大家。柳亚子先生说：『国民党的诗人，于右任最高明。』也正如唐宋文学与文艺理论研究专家霍松林教授所言：『于右任中年以后，书名日高，几乎掩盖了他的诗名。然而，一个真实的于右任，他的书法和诗歌，应该说是双峰并峙的。』

以诗言志

于右任从少年开始生活一直处于社会动荡、内外纷争、战火连年的混乱时期。山河破碎，国之不国，人民不能安居乐业，尤其是处在生活最底层的普通百姓，更是苦不堪言。这对于出身贫寒的于右任，有着更为深切的体会。辛亥革命前夕，列强进京，西太后西逃。于右任目睹了民族受侮的苦难，这种苦难在他幼小的心灵深处，形成了强烈的反帝反封建意识。亦如钟明善先生在《读右老诗歌有感》中所言："先生自幼即受进步学者朱佛光、毛俊臣等人熏陶，以国家民族利益为己任，从青年时代起就以文天祥、谢叠山为楷模，确立了推翻满清封建帝制，救国救民的崇高理想和豪情壮志。"同时，面对民不聊生的社会现状，他生发了对家国和人民的悯恤情怀。这种浓厚的情怀，一直伴随到他生命的终点。

于右任刊世最早的一本诗集名为《半笑半哭楼诗草》，并自诩为"半哭半笑楼主"。他在《我的青年时期》中讲道："我因诋諆时政，狂名日著，及诗草刊行，益为清吏所忌。甲辰年春天……即往开封应试。陕甘总督升允（据三原令总锐密报）已以'逆竖倡言革命大逆不道'等语（引诗名'革命方能不自囚'）密奏清廷。时拿办密旨已下……明文未到获李雨田急告，出亡，舟次南京。"遥拜孝陵，感愤成诗《孝陵》一首：

虎口余生亦自矜，天留铁汉卜将兴，
短衣散发三千里，亡命南来哭孝陵。

由此可知,《半哭半笑楼诗草》因“逆竖倡言革命”“大逆不道”而触怒清廷，迫使他不得不亡命上海。故可知，诗草之刊世，实是他人生中之一“焦点”，亦一大“转折”。

1904 年,“半哭半笑楼”印章

如他所言:“及闻上海志士云集，议论风发，我蛰居西北，不得奋飞，书空咄咄，向往尤殷。”于右任也因“诗祸”从此走向民主革命的征途。

诗人以“半哭半笑楼主”名其号，其寓意也非同寻常。笔者揣度其得号缘由有二:其一，仰慕明末清初画家，明宗室不畏清廷统治者而折腰的朱耷之号“八大山人”，以“八大”二字上下组合为哭笑之间，即非哭非笑、哭笑不得之讥讽意。其二，乃范仲淹之“先天下之忧而忧，后天下之乐而乐”名言中“忧”(哭)、“乐”(笑)乃“半哭半笑”之意。

即以天下百姓之忧为先，之乐为后的人生观，以“半哭”喻“天下之忧”，以“半笑”喻“天下之乐”，可知其恫瘝在抱的仁爱心肠。可惜诗草遗失，今不得一见。

1902 年，年仅 24 岁的于右任，满怀激愤和一腔热血，写下《杂感》一诗:

柳下爱祖国，仲连耻帝秦。
子房抱国难，椎秦气无伦。
报仇侠儿志，报国烈士身。
寰宇独立史，读之泪盈巾。
逝者如斯夫，哀此亡国民。
蜂虿螫指爪，全神不能定。

上海世界书局出版的《右任诗存》

鄲。舊居幾處爭枌社。遺集千家作鄭箋。日暮鄉關渺何處。杜陵西望一潸然。

洛陽道中

風雨何年會。洛陽人已空。帝王半俘虜。盜賊亦英雄。雪落鳥頭白。霜飛柿葉紅。東征果何日。老馬苦嘶風。

新安早發

月映蒼崖天慘慘。風搖敗葉冷蕭蕭。黃沙眯目人如淚。頑石摧車馬不驕。痛定降兒思故國。魂歸元老泣前朝。淚遊銷盡輪蹄鐵。只此神州恨未消。

過澠池秦趙會盟處

游子思親萬里情。渾忘夷險重行行。青山似我長途瘦。白髮欺人壯歲

右任詩存 卷二 六

《于右任诗存》选页

蚊虻躜皮腹，痴儿睡不竟。
忧患撄人心，千钧万钧劲。
为问彼何人？横卧东半径。
一针不及创，一割不知痛。
伤哉亲与爱，临危复梦梦。
伟哉说汤武，革命协天人。
夷齐两饿鬼，名理认不真。
只怨干戈起，不思涂炭臻。
心中有商纣，目中无商民。
叩马复絮絮，非孝亦非仁。
纵云暴易暴，厥暴实不伦。

仗义讨民贼，何愤尔力伸！
吁嗟莽男子，命尽歌无因。
耗矣首阳草，硕山惨不春。
信天行者妄，避天行者非。
地球战场耳，物竞微乎微。
嗟嗟老祖国，孤军入重围。
谁作祈战死，冲开血路飞。

诗中连用数典，以柳下惠、鲁仲连、张子房古贤之民族气节鞭策自己。柳下惠，是我国春秋时期鲁国人，孟子称其为“百世之师”的圣人，将柳下惠与伯夷、伊尹、孔子并称。鲁僖公二十六年，齐伐鲁，兵临城下危急之时，他力劝齐退兵。鲁仲连，战国时齐人，李白诗评其曰：“齐有倜傥生，鲁连特高妙。明月出海底，一朝开光曜。”（李白《古风》其十）时秦兵围赵都邯郸城，他劝赵魏群臣不可尊秦为帝而俯首称臣，表现出齐之高士爱国、仗义之德操，并显示其胆识与智慧皆备的才能。张子房即张良，西汉杰出谋臣，史称“汉初三杰”。为扶刘邦灭秦暴政，派刺客在古博浪沙椎击秦始皇未中之义士。1900年，22岁的于右任曾上书时任陕西巡抚的岑椿萱，请其手刃被八国联军进战北京而西逃陕西的西太后和光绪皇帝，幸被同学劝阻未成。于右任以古贤之义士为楷模，可见他不畏清廷暴行的过人胆略。陕西留坝张良庙至今仍留有于右任所题的“送秦一椎，辞汉万户”的刻石联。

这首诗充分反映了青年时期的于右任，已下定决心，效法先贤，报效祖国，与祖国同命运，做一回“谁言祈战死，冲天血路飞”的壮怀激烈之豪举。

胸怀“侠儿”肝胆，心存“报国”之志的青年于右任，正与当时中国一大批有先知先觉知识分子一样，他们的共同目标就是救民于水火，复兴民族崛起之大任。

在创作这首诗时，于右任只是一个穷学生，他清楚地认识到，仅凭个人意气和力量，是很难推翻清政府和外来列强的。他也只能“手无阔斧开西北，驻足长途哭古今”（1902年《失意再游清凉山题壁》），以诗作为武器，来唤醒民众。可他很清醒地认识到，家国满目疮痍的贫弱现状是清廷的腐败和官吏的不作为所致，同年，作诗《署中狗》：

署中豢尔当何用，方噬吾民脂与膏。

愧死出生无勇甚，空言侠骨爱卢骚。

诗中揭露了当朝那些尸位素餐的官吏不干正事，只知欺压百姓，搜刮民脂民膏的劣行。而作为一介书生是无力改变历史现状的，单有思想、愤怒，像卢梭那样，空诛也是不能解决问题的。于是，在另首《从军乐》中他大声疾呼：

中华之魂死不死？中华之危竟至此！

同胞，同胞，为奴何如为国殇，碧血斓斑照青史。

从军乐兮从军乐，生不当兵非男子。

男子堕地志四方，破坏何妨再整理。

君不见白人经营中国策愈奇，前畏黄人为祸今俯视。

侮国实系侮我民，伈伈伣伣胡为尔？

吾人当自造前程，依赖朝廷时难俟。

何况列强帝国主义相逼来，风潮汹恶廿世纪。

大呼四万万六千万同胞，伐鼓枞金齐奋起。

呼吁有志男儿当从军拿起枪杆子，共同推翻旧世界，才能建立一个新的社会和国家。男儿为国殇，青史留名岂不美哉！岂不壮哉！

另有《兴平咏古》九首、《吊古战场》《咏史》《汉武帝陵》《赴试过虎牢》《孝陵》等均为这一时期所作。基本是借古讽今，或借古抒怀之作。

赴试过虎牢

云乱雁声高，书生过虎牢。
相持无楚汉，凭轼读离骚。
黄土悬千尺，青天露一毫。
回头应笑我，歃血几人豪。

这首《赴试过虎牢》即反映了诗人1904年春，赴开封应试时被清廷缉捕，亡命上海一事。

于右任1904年3月到上海后，得恩师马相伯帮助，入震旦学院学习，至1905年2月震旦学生反教会而集体退学止，在校学习不到一年，因梁启超主编的《新民丛报》载江苏人钱基博《中国与地大势论》挑拨南北人感情文章一事，以及时上海某报诬革命者为叛逆等谬论，遂下定决心想要办一份属于自己人掌控的报纸。

于是于1906年9月踏上考察报业发达的日本之旅。马关登岸时，他回首在1895年由李鸿章等人签订以割地赔款等为条件的丧权辱国的《马关条约》，即兴赋诗一首《马关》：

雨中山好青如黛，浪里开花白似绵。
活泼游鱼吞晓日，回翔饥鸟逐渔船。
舟人指点谈遗事，竖子声骄唱凯歌。
一水茫茫判天壤，神州再造更何年。

此诗前四句，描写马关海岸“浪里开花白似绵，活泼游鱼吞晓日”的海景以及岸上烟雨过后，眺望青山苍翠一新的美好风光。船上自得傲慢的日本人大谈战胜清朝的往事，而年轻的日本仔却骄横地唱着胜利的凯歌。此景此情怎能不令人悲愤，然而于右任对内忧外患的

1913 年的《民立报临时增刊》

祖国未来前景却不知何时才能重新振兴，何时才能由弱而变强！此诗作最末一句“神州再造是何年”，也可看出他欲以“神州”命名的《神州日报》已孕育在胸了。

回到上海刚刚创办的第一份报纸《神州日报》因邻居书局失火诸事停刊后，于右任正在紧张筹办第二份报纸《民呼日报》时，突然接到家父病危的来信，事父至孝的于右任百忙之中不顾仍在清廷缉捕的危险时期，毅然踏上回乡探父的旅途。

在沿途的十几个驿站，每遇壮阔河山和古代遗迹，于右任几乎都会吟古讽今，抒怀赋诗以记之。如行至郑州题《郑州感旧题壁》一、二首：

一

钩党声销事已陈，余生再到话悲辛。

穷途仆御为知己，客路梅花亦故人。

重叠云山连梓里，零丁涕泪累衰亲。

鸡鸣雪霁长征感，迟暮于郎负此身。

二

亡命重来认旧踪，人歌人哭两相逢。

曾收断骨埋殇马，更祝中原起卧龙。

岁晚关前三日雪，月明笛外一声钟。

百年事业吾谁与？师友乾坤卖菜佣。

两首诗记述了他开封春会时被清廷追捕“亡命重来”的悲辛之苦，并把当年日夜兼程报信的“仆御”视为“知己”。以及记述了父亲病重期间不能随侍膝下尽孝道而“负此身”的遗恨。路过河南新安写下《新安早发》曰：

月映苍崖天惨惨，风摇败叶冷萧萧。

黄沙眯目人如泪，顽石摧车马不骄。

痛定降儿思故国，魂归元老泣前朝。

浪游销尽轮蹄铁，只此神州恨未消。

在渑池县，他凭吊了“秦赵会盟台”。此为公元前279年，秦赵两国在此名曰协定友好，实则各自居心不善的会盟之地，他因感而赋《过渑池秦赵会盟处》一首：

游子思亲万里情，浑忘夷险重行行。

青山似我长途瘦，白发欺人壮岁生。

剽客相逢都揖让，黄河作伴不凄清。

会盟台畔萧萧月，笑汝归秦失旧盟。

到达张茅时，归心似箭的他，连梦中都在作回到家门口“扣板扉”的焦急之情。

快到潼关，他更是兴奋不已而“梦先回”“笑口开”了。故又作

《车过灵宝》:

路近潼关笑口开，乌头未白得归来。
南经制作庐陵墓，北去苍茫望子台。
师友凋零心更苦，家山迢递梦先回。
莱衣默祝天如愿，劫后难言转自哀。

到了潼关，心中即已感慨万端。潼关，顾名思义，这是一个一夫当关、万夫莫开的险要之地，古今多少英雄豪杰因过此关而付出了生命。有感自己能生而复还，赋《入关》诗，以写情愫:

虎口余生再入关，乌头未白竟生还。
垂青无几灞桥柳，鼓掌一人太华山。
慷慨歌谣灵气在，忧愁风雨鬓毛斑。
倚闾朝暮知何似？心苦莫论世网艰。

到达西安东郊的灞桥（长安八景之一的“灞柳风雪”即指此地），能活着入关的于右任回到久别的故乡。又激动地写下《灞桥》诗作一首:

吾戴吾头竟入关，关门失险一开颜。
灞桥两岸青青柳，曾见亡人几个还？

探父毕，父亲为了儿子安全，黎明即迫使他忍痛告别卧床不起的自己而立即返回上海。其间因父于1909年12月病故，他再次匆匆回三原葬父。在来回奔波于沪陕的路上，他先后作了《省亲出关》《过王觉斯墓》《洛阳怀古》《新安怀古》《函谷题壁补前作》《月夜宿潼关·见孤雁飞鸣而过》《出关作》《出关》《葬亲出关至阌乡·周石笙妹丈》《偃师遇雪》《泥水道中》等诗作。据统计，这是他青年时诗作存留最多的一个时期。

从以上这些在辛亥革命前创作的部分诗歌中，可以看出青年时期的于右任，就认清了清廷因腐败无能，导致民生凋敝，国家饱受欺凌的现实。而作为书生的他，只能以一腔热血呼吁心中之激愤，也只有振臂一呼，唤起民众，同仇敌忾，以“伐鼓枞金齐奋起”（1902年，诗《从军乐》末句）之实际行动，才能救家国于水火，解生民于倒悬。这一时期，是青年时代的于右任体察国情民情的成长期，也是他追求光明、决定投身于民族复兴大业之愿形成的重要阶段。果然，几年后，他便追随孙中山，加入同盟会，踏上大展宏图的民主革命大道。

家国情怀

1911 年，辛亥革命成功推翻了清王朝。1912 年 1 月 1 日，孙中山就任中华民国临时大总统，于右任出任交通部次长。不久后，孙中山辞去大总统一职，于右任随孙中山一起离职。1916 年，孙中山即回广州组织成立中华民国军政府，同时派于右任回陕西，组织开展护法斗争（即民主共和的《临时约法》）。1918 年，于右任在三原任陕西靖国军总司令，与南方护法运动遥相呼应，有力地支持了孙中山领导的辛亥革命斗争。这一时期，于右任已不再是辛亥革命前仅有一腔热血的青年，而是一个成熟的肩负大任的民主革命斗士，是一个民主革命阵营里的参与者和组织者。尽管他的地位和过去发生了变化，但他仍然对家国生民的命运痌瘝在抱，对社会底层劳苦大众寄予悲悯情怀。

1914 年的宋教仁

于右任在创办第二份报纸期间，欲求能文之贤士，便请刚从日本归国的好友康宝忠能从同盟会本部中推荐一贤士，康首推宋教仁，并对于右任曰："君试一读间岛问题小册子，即可知宋君之学问与识度矣！"

1910 年冬，宋教仁自东京至上海来到于右任寓所，二人一见如故，并对当时中国紧迫之外交关系、应对之策以及报社宗旨趋向、实施办法等抵掌而谈。受于右任之聘，宋便成为社中编纂之一中坚。因志同道合，遂为莫逆交。某日二人同游西湖后于右任赋《同渔父作》（渔父，宋教仁号）诗一首：

勾践执戈为洗马，蕲王释甲竟骑驴。
新蒲新柳居然大，人虎人龙更不如。
风雨多愁招故鬼，湖山有幸结精庐。
最怜王寿焚书儛，忽羡刘伶托酒车。

从 1912 年 1 月 1 日民国纪元开始，于右任受大总统孙中山之命，被中华民国政府委以交通部次长之职。时年他才 34 岁。

由于宋教仁主张成立责任内阁以制约袁世凯之故，被袁派刺客谋杀。宋教仁遇刺后，噩耗传来，于右任哀恸逾恒，作七言律诗纪之：

题宋墓前曰：呜呼！宋教仁先生之墓

当时诅楚祀巫咸，此日怀殷吊比干。
片石争传终古恨，大书留与后人看。
杀身翻道名成易，谋国全求世谅难。
如斗余杭渔父篆，坟前和泪为君刊。

诗中“诅楚祀巫咸”“怀殷吊此干”二典，前者记述秦楚战争期间，述及秦王诅诉楚王熊相之罪，以讽喻袁世凯诱杀宋教仁之恶行。后者喻宋犹殷商之比干般忠臣正义之士的高尚操守。

“片石”即指“片马事件”，宋教仁曾在《滇西之祸源篇》中，就中缅这一地区，从史学的角度，“陈书披图，考以历史”，证明片马为中国故有之领土。力措 1900 年英军入侵中国西南边陲的非法行径。遗憾的是，自宋教仁之死，此交涉，终未了结。宋遇刺后，尚被袁世凯软禁于北京的章太炎，闻其噩耗，篆写“渔父”两大字托人带交其至交于右任，后于右任将此二字刻于宋教仁雕像的石座上。末句倾诉了“和泪为君刊”的悲伤与哀痛！

在为宋教仁勒石的碑词中，他怀着悲愤的心情，曰：

宋教仁先生石像赞

先生之死，天下惜之，先生之行，天下知之，吾又何记？

为直笔乎？直笔人戮；

为曲笔乎？曲笔天诛。

呜呼！

九泉之泪，天下之血。

老友之笔，贼人之铁。

勒之空山，期之良史。

铭诸心肝，质动天地。

1915年再书《题王一亭画于髯像》

宋教仁亡后的第二年，他又来到宋曾经住过的三贝子花园，触景生情、百感交集，写下《吊宋渔父》诗曰：

忍泪看天哽不言，行吟失计入名园。

美人香草俱零落，独立斜阳吊屈原。

佳节凄凉愁里过，杂花婀娜雨中鲜。

栖栖老友今头白，手抚遗松一泫然。

除以上数首诗作外，于右任后来还撰写了《宋渔父先生遗事》一篇长文，可见，二人不仅是志同道合的民主革命斗士，也是感情笃深的挚友。

1913—1916 年，袁世凯的势力如日中天，期间，于右任三次赴京，并秘密派人潜入陕西，策动讨袁行动，为了掩人耳目，他一度放浪形骸于京城花柳巷，耽于声色之中，某日，在名妓苏佩秋家里，一餐鸭粥竟付了 50 元大票，轰动腐败糜烂的北京政坛。实则密谋讨袁事宜。通过期间所作《出京》《再过南京杂诗》便可知其忧国忧民之心，未尝一日去怀。

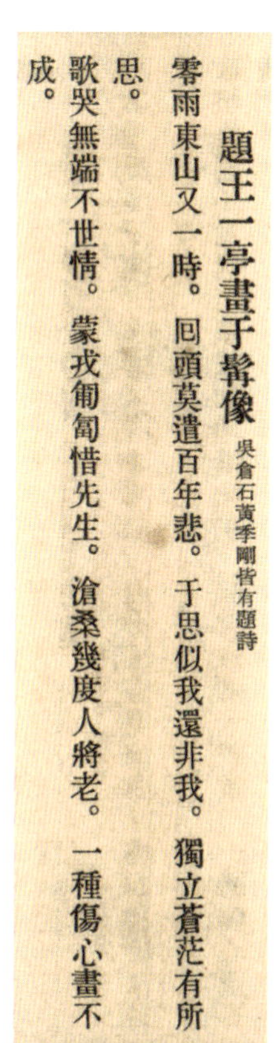

题王一亭畫于髯像　吳倉石黃季剛皆有題詩

零雨東山又一時。回頭莫遣百年悲。于思似我還非我。獨立蒼茫有所思。

歌哭無端不世情。蒙戎匍匐惜先生。滄桑幾度人將老。一種傷心畫不成。

《右任诗存》选页

出京

泪渍征衫墨似缞，大风吹散劫余灰。
穷途白眼亲兼旧，归路青天雨又雷。
几见神龙愁失水，始知屠狗少真才。
无端宣武门前啸，声满人寰转自哀。

再过南京杂诗（四首）之一

大好江山作战场，几经水火几玄黄！
雨花台下添新冢，远近高低尽国殇。

于右任在创办《民呼时报》《民吁日报》《民立报》宣传革命时，得到当时无锡银行实业家沈缦云的大力支持，沈缦云后通过于右任的介绍加入了孙中山领导的同盟会。之后，沈缦云在辛亥革命中倾注了全部精力与个人资产，为光复上海立下了汗马功劳，1915 年 7 月 23 日被袁世凯遣人投毒谋害。于右任闻讯后，悲痛万分，写下诗作《吊沈缦云》：

同携伤心祸，难为后死身。
招魂千万里，堕泪往来人。
禹甸天方晦，湘累痛未湮。
更深知己感，北望哭江滨。

井勿幕，陕西蒲城县广阳人。早年留学日本，1905 年入同盟会，为陕西辛亥革命的先驱和杰出领导人之一，被孙中山誉为“西北革命巨柱”，也是于右任老友。1918 年，井勿幕遇害后，于右任悲痛之极，含泪赋诗凭吊，诗曰：

吊井勿幕

十日才归先轸元，英雄遗憾复何言？
渡河有恨收群贼，殉国无名哭九原！
秋兴诗存难和韵，南仁村远莫招魂。
还期破敌收功日，特起邱山拟宋园。

1917 年于右任题赠吴昌硕昭陵六骏之“什伐赤”拓片

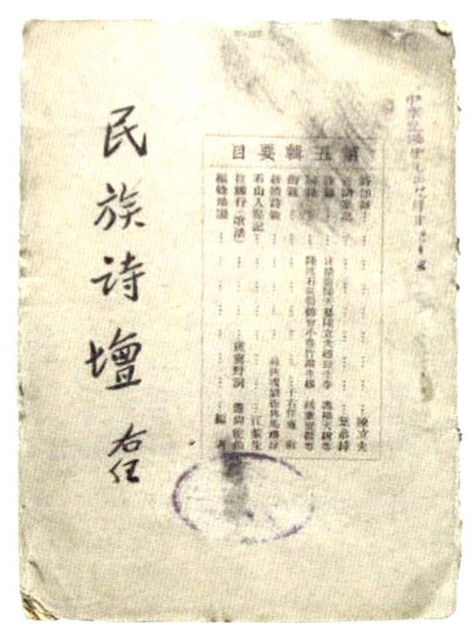

1937 年《民族诗坛》

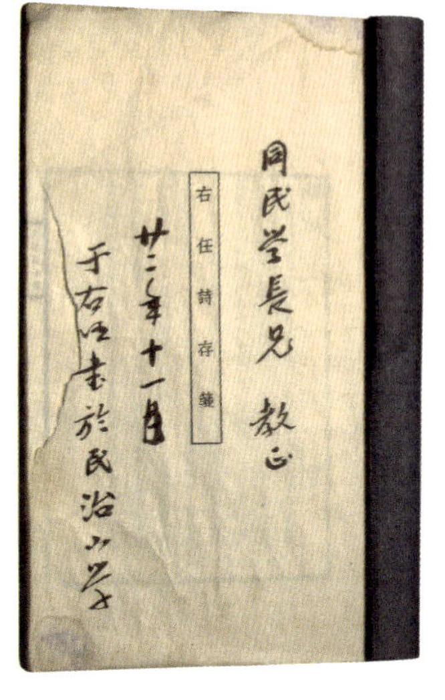

《右任诗存》签名

并将井勿幕奔走南北者十余年，经营蜀秦者百余战之事迹，呈文上报于广州革命政府。国民政府明令褒奖，追赠陆军上将。他在挽井勿幕联中写道：“我哭井勿幕，耿耿爱国热忱，不亚宋渔父。”1921 年，井勿幕殉国三周年，于右任撰联怀念井勿幕：“魂招东里应怜我，泪洒南仁艺忆君”；并赋《题井勿幕小照》：“羞为榆塞剜心祭，忍读余杭志墓文。何以报君双眼泪，哭声直使帝天闻”；又手书井勿幕《秋感八首》，并刊石记之。二人不仅是同乡、同道，更是情谊笃深的至交。

1915 年，于右任回忆起同盟会老友杨毓麟（1872—1911 年），字笃生。杨曾担任他 1907 年创办第一份报纸《神州日报》的总主笔，后赴英国求学，同时还担任他后来所办《民立报》的特约通讯员，为国内读者介绍西方社会各党派的政治活动情况。1911 年远在英国的杨毓麟听闻黄花岗起义失败，悲愤交加，惭愧自己无以报国，遂留下遗书，将所积之一百多英镑转寄黄兴作为革命经费后于 8 月 5 日赴利物浦海边，蹈海而亡。“难酬蹈海亦英雄”，想起曾经并肩战斗的好友，于右任作《春感》以寄其对老友的哀伤悲痛之情。

春感（其一）

潮涨潮平信有因，花开花落总无尘。
文章到底成何用？不哭秋风转哭春。

此时期又作《社稷坛五七国耻纪念大会》诗作曰：

痛定才闻说怨恫，血书张遍古坛中。
名花委地惊离泪，老木参天战烈风。
揖让征诛成鹿梦，玄黄水火有渔翁。
最伤心是西颓日，返射宫墙分外红。

程白葭移精忠柏，断节于西湖岳坟，又赋《西湖岳坟》诗：

1962 年 4 月 23 日“于右任书法欣赏会”，于右任于作品前留影

破碎精忠柏，参天气不零。

在人为武穆，于树配冬青。

有节皆如石，无香亦自馨。

还悲同殉国，移奠接英灵。

此诗表达于右任向往“在人为武穆”（岳飞号武穆）精忠报国的民族气节。于右任在其一生中，曾以书法形式写过大量岳飞《满江红》诗作。

1915—1916年，于右任又作《民立七哀诗》（哀民立报社殉难社友）：

一

不遑将母生投海，无以为家死伴兄。

地老天荒魂返否，义兼师友哭先生。

——长沙杨守仁笃生

二

清才雅藻世无伦，别有伤心号僇民，

犹记先生临去语，枉抛心力作词人。

——江都王毓仁无生

三

鬻书求客欲亡秦，独仗精诚感觉人。

一死于今关大计，东南半壁永沉沦。

——合肥范光启鸿仙

四

黄农虞夏真无望，水火玄黄讵有期。

地惨天愁人亦瘁，延陵墓上哭多时。

——桃源宋教仁钝初

五

仗义扶危感一生，三民终奏大功成。

青蝇墓上今犹昔，辽海魂归有哭声。

——无锡沈懋昭缦云

六

不哭穷途哭战场，耗完心血一徐郎。

九京应共冤魂语，黄土无情葬国殇。

——金坛徐天复血儿

七

十年薪胆余亡命，百战河山吊国殇。

霸气江东久零落，英雄事业自堂堂。

——吴兴陈其美英士

分别吊祭了杨毓麟、王毓仁、范光启、宋教仁、沈缦云、徐天复、陈其美七位在于右任所创办“民立”诸报中担任总编、编辑、记者等重要工作的同仁。七首诗中，多次以“哭先生”“伤心”“地惨天愁”“哭多时”“有哭声”“不哭穷”“哭战场”“吊国殇”等悲泣凄切之词，表达了他对因袁世凯及其死党采取投毒、暗杀等卑劣手段而致死的七位民主革命志士的悲情。

1917年，他在关中和山西芮城一带，看到的是乡间一片萧条景象，有兵甲往来，农人麦田干旱无雨，他在《崤函道中》（之一）诗中写道：

黄河几折绕函关，关上行人匹马还。

万点寒鸦天欲暮，飞投对岸中条山。

诗人在此时岂止是为农人盼来春雨，而是希望没有战祸，祈盼一个可以安身立命的和平年月，造福于桑梓一方，他在同一组诗的另一首中又写道：

偶听乡词惨不欢，盲翁生长古王宫。

流离贫鼓关门外，泪湿河山糊口难。

这是于右任在路上碰见一个说书盲人（旧时许多盲人以弹三弦讲故事来糊口，俗语称“书匠”），逃离家乡，想到关外找一条生路，可到处都是战火兵戎干戈，诗人只能为这位民间残疾艺人喟叹，想要寻一条糊口之路，谈何容易！“泪湿河山糊口难”不仅表达了说书者辛酸的泪水，也是诗人此刻寄予悲悯的泪水，眼前到处都是：

延长至延安道中

濯筋河畔草迷茫，故事居民语不详。

箱里鸣蝉山谷响，柳阴系马水泉香。

世无韩范真儒将，地是金元旧战场。

兵火连年人四散，平川历历上田荒。

战争给百姓带来的是流离失所，田地荒芜，民不聊生，天下什么时候才能安稳呢！

1929—1930 年，陕西大旱，庄稼颗粒无收，又遇兵火不熄，军民皆食不果腹。诗人面对天地间的凄苦惨状，心生情愫，迸发诗作：

闻乡人语

兵革又凶荒，三年鬓已苍。

野犹横白骨，天复降玄霜。

战士祈年稔，乡民祭国殇。

秦人尔何罪，杀戮作耕桑！

诗人看到的不仅是这些普通生民的苦难现状，还有更多饥民包括寺庙里的出家人也是处在“山径雪消行滑滑，道人粮尽乞哀哀”（1920 年《落云台至起云台》）的水火深渊。即使在传统新春佳节之时，诗人也曾目睹了“里社迎春惊爆竹，居民挑菜度凶年”（1920 年

《游设祠庙》)的饥荒惨景。

从以上这些诗的字里行间，我们分明触摸到的是诗人一颗与人民血脉相连的仁者之心，一个为百姓呐喊求得解放的伟大歌者形象！于右任生于农家，长于农家，深知农事时春雨对农人的重要。1922年，他在甘肃徽县，深入田间地头，在《徽县早发闻耕者叹息声》一诗中写道：

早起行铁山，月明似天明。
田夫立垅畔，朦胧不能耕。
但闻语太息：今日又天晴！

活脱脱地刻画出一个在月光下地里早起的农人，欲抓紧耕作，却遇天色没明，地裂墒干，天晴无雨，难以耕作的酸愁情境，读之，无不令人为农人凄恻的命运而伤感。

于右任在长期国事和战争纷扰下，始终把诗人的目光透视到国家命运和普通劳动者命运之中。这是一个伟大诗人高贵品格所决定的。即使是一个小人物的命运，也不时牵动他的心。1925年，他行至黄河边，见有一渔翁立于河水中。据说，黄河鲤鱼，手捕者味始佳，故而岸边浅水处常有渔者立其中捕捞。见此情景，他有《黄河此岸见渔翁立洪流中》诗叹道：

劳者无名逸有功，
便宜毕竟属英雄。
世人都道河鱼美，
不见渔翁骇浪中。

诗人以此觉醒世人，在品赏河鱼美味

于右任与天风琴社合影

时，是否能想到那些为生计而不得不冒险捕捞的渔者？他对渔翁的怜惜，使人们自然想起宋代留下“先天下之忧而忧，后天下之乐而乐”千古名句的范仲淹，也有写渔者的一首诗：

江上往来人，但爱鲈鱼美。

君看一叶舟，出没风波里。

《江上渔者》，也是写渔者在风涛中挣扎冒险，古今亦同。虽处不同时代，但两位诗人的仁爱之心是相同的，同样为小人物的悲苦命运而心生悲悯！与渔翁同样悲苦命运的还有那庐山轿夫。诗人是有心者，看到轿夫抬着达官显贵上山，不由得为他们的辛劳付出而获得甚少的报酬，从心底发出哀叹：

闻庐山舆夫叹息声

上山不易下山难，

劳苦舆夫莫怨天。

为问人间最廉者，

一身汗值几文钱。

诗人在此直接迸发出对社会的叩问，轿夫们的苦累而获得甚少的报酬，不要抱怨老天爷，而是这个不公平的社会造成的。正如杜甫“朱门酒肉臭，

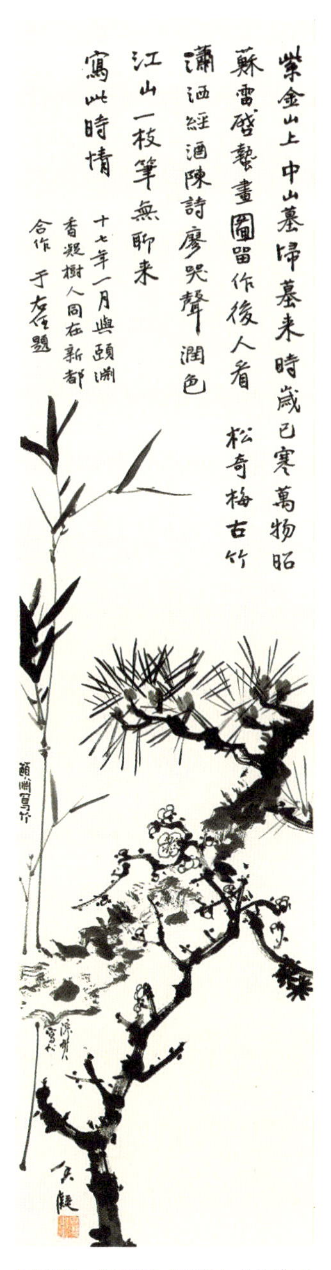

经亨颐、何香凝、陈树人合作《岁寒三友图》

路有冻死骨”一样，这是社会等级阶层生活状景的写照，唯有推翻这不平的世道，才能解救劳苦大众于水火。

1927 年上海“四一二”事变以来，国民党内部各派系之间的矛盾冲突、明争暗斗从未停息，政局如白云苍狗，变幻莫测。在复杂的政治斗争中，不善权术的于右任也曾困惑，也曾悲叹与无奈，虽然德重望隆，但在宦海沉浮的官场中也尝尽了酸甜苦辣。他在失意与苦恼之时常常寄情于山水之间，要么与诗家畅咏，要么与文人雅集，以排解胸中之块垒。

1927 年 5 月曾游尚父湖，作同名诗曰：

尚父湖波荡夕阳，征诛渔钓两难忘。
穷羞白发为文士，老羡黄泉作国殇。
落叶层层迷去路，横舟缓缓适何方？
桂枝如雪枫如血，猛忆关西旧战场。

由于政治原因，他于 9 月离开南京，经常徜徉于苏州与常州的名川大山之间，后移居上海，退隐几近两载。在去苏州玄墓山，面对佛造像躬身赋时曰：

儿女割家珍，造像悬岩下；
问我礼何人，给孤独尊者。

并对随行同游者曰：“在国民党，先生（孙中山）就是佛，我只礼他。”这段时期他甚至以打牌、玩花来消遣度日，身边常聚集一帮牌友，有时也去花圃，摆弄花鸟鱼虫。他对厨艺也很有研究，自称亲得蒙人和俄人传授秘方。他说：“中国的烹饪远胜于西方矣！西方只有煎、烧、煮三种，而中国就有熏、蒸、炖、焖、拌、炒、溜、炝数十种之多，真谓小巫见大巫之别。”于右任爱吃羊肉，有时邀约友人，并亲自下厨烹之于家中待客。

于右任与齐白石、溥心畬等合影

1927年下半年以来，由于政治态度的转化，于右任与社会各界人士的接触很频繁，如国民党左派人士何香凝、柳亚子等常有诗书往来。这时期，忧愤国事的何香凝毅然决然辞去她在国民党中的一切政治职务，与进步人士经亨颐、陈树人等志同道合者组织成立了“寒之友”画社，托诗言志、寄情书画以抒发爱国衷肠，时于右任与柳亚子常与他们聚会，曾为何香凝绘画题写“人中有松柏，天下无岁寒”“光明磊落百变而愈见精神，真天下之至友也”等诗句。

不过他最喜欢的还是书法，于1932年5月在南京亲自领衔成立了“草书社”，12月移至上海，改为“中国标准草书学社”。

歌呼圣战

1937年，卢沟桥事变，抗日战争全面爆发。

于右任全身心投入到抗日救亡运动之中，驱逐倭寇，保家卫国。他以诗人的铮铮铁骨，大声疾呼：

伤兵叹息复叹息，日之夕矣月复出。
转诟人间爱赏月，不知敌机乘月伤吾骨。
明月阑，吾骨酸
明月残，吾骨寒
民族生命争一线，吾身幸参神圣战；
军前歌舞作中秋，独惜更番不得见。
今宵明月圆又圆，定是吾军破胡天；
破胡天，破胡天
吾躯甘愿为国捐。

——《中秋薄暮黄陂道中见伤兵》

他呼吁国人在此家园危难之时要"勇者不惧仁不忧，大家起来卫神州"（1937年《长歌复短歌》）。诗人为了国家荣誉至上，民族利益至上，一次又一次发出呐喊：

祖国危急诚万万，大风起兮神圣战，
寸寸河山寸寸血，国家至上生命贱。

在国家荣誉、民族利益至上面前，我们个人的生命又算得了什么！因此，诗人再次呼吁国人：

祖国颂之一

男儿要当兵，以身换太平。

我是幸运儿，沙场万里行。

祖国危急诚万万，大风起兮神圣战。

寸寸河山寸寸血，国家至上生命贱；

何况胡儿胡马遍中原，百万遗黎哭前线！

荣誉乎，男儿汉！裹创为国平大难。

从中可以看出，诗人对祖国的一草一木、一撮土、一滴水，都是那样的眷恋深爱，又岂能让侵略者践踏！他在诗中直言：我愿为你而牺牲一切。表达了诗人对祖国、民族深爱的博大襟怀。在祖国大地掀起抗战烽火的危急时刻，诗人已无暇顾及推敲一词一字的格律声韵了，面对日寇践踏我大好河山，他直抒胸臆，以白话口语入诗，畅晓易懂，极具鼓动号召力，唤起民众加入抗战中，起到了战斗号角的作用！

于右任忙于抗战军务，仍不忘对民情的关注。1941 年 5 月 30 日（农历五月五日），他到重庆参加并主持第一届诗人节大会，倡议将端午节定为“诗人节”，其用意是效法屈原精神，唤起爱国热情，团结大众抗战，驱逐日寇侵略者。在四川汶川地区，于右任深入农村，体察民情，心系百姓生存状况。他写下了七首《汶川纪行诗》，其中一首写道：

若溯岷江此一行，茅檐雨湿睡频惊。

蒸民粒舍知何易，彻夜愁闻捍患声。

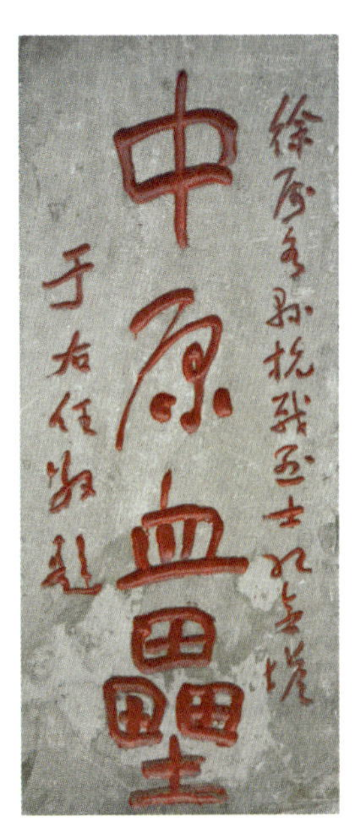

于右任作品

诗人几次半夜醒来，原是那些农人为防止野猪侵害庄禾，彻夜不停呼喊。诗人为此才发出“蒸民粒含知何易”的感叹！

在整个抗日战争期间，于右任所创作的诗词，很大一部分是不拘格律所限，不论是放歌行吟或是长句短语，皆释放出诗人心中之块垒。这一特点，在他很多诗作中可随手捻来。他在 1941 年元旦写的《万年歌》：

抗战，抗战！胜利在眼前！
元戎神武，万族腾欢。
昆仑高，东海浅，
山川效命，血汗同捐。
祖国，自由在大家以肩……

除这类明白畅晓的诗作，他还用一些曲牌形式来入诗，曲牌词句长短不一，创作的空间更大，随意性也很强，更能直抒胸臆。如他在 1938 年写的《中吕 ·山坡羊：神圣战歌》：

忧愁风雨，迷离云树，
流亡不尽艰难路。寇何如？
寇何如？中原春色还如故。
神圣战争当共负；
兴，天定助；亡，人自取。

另有 1944 年写的《齐天乐：勉青年军人》：

中华民族齐心进，人人载歌

于右任书《百字令·题标准草书》

载舞，急难鸰原，报恩祖国，此责兴亡压汝。

精诚所聚，便投笔从戎，经文纬武。

天下一家，何人今后敢予侮！

五卅惨案游行

时时纪念国父，只生逢丧乱，难护陵树。

载道流亡，吁天耆老，望断金天金鼓，有怀欲吐。

仗龙虎风云，百千儿女，万岁歌中，一声声破虏。

以这种曲牌创作的形式，表意更让人读之明了。1945 年，日本乞降时，于右任闻之抑制不住欢欣之情，仍借用《中吕·醉高歌》曲调，作中华乐府十首：

一

万家爆竹通宵，人类祥光乍晓。

百壶且试开怀抱，镜里髯翁渐老。

二

金刚山上云埋，鸭绿江心浪摆。

芦沟月暗长城坏，胡马嘶风数载。

三

黄河水绕边墙，白帝云封绣壤。

万灵效命全民向，大任开来继往。

四

当年兵火流离，口渴谁来送水？

渔人晒网樵夫睡，都是离宫废垒。

五

谁弹捷克哀歌？谁纵波兰战火？

诸姬尽矣巴黎破，两面鏖兵日可。

六

区区海峡波惊，莽莽红场月冷。

兴亡转瞬归天命，不作降王系颈。

七

欧洲守望何人，群众哀号隐隐。

海洋巨霸从今尽，来日之歌笑引。

八

至诚不外无私，真理方知有始。

受降城下逢天使，大道之行在此。

九

高原木落天宽，故国风和日暖。

等慈寺下歌声断，常使英雄泪满。

十

自由成长如何，大战方收战果。

中华民族争贺，王道于城是我。

用什么样的形式来创作诗词并不重要，真正的好诗好词是情感的抒发，思想的表达。不仅诗的创作如此，其他艺术创作亦如此，真情实感与所思所想才是艺术创作的灵魂。

吟望中原

1949 年，于右任赴台直至过世期间的诗歌创作，多以祝寿、题赠、回忆、交流等为主，其中部分诗作，以怀念故国家山及乡情乡民为主，对民族之大爱，是诗人心中永远不解的情缘。

望雨

独立精神未有伤，天风吹动太平洋

更来太武山头望，雨湿神州望故乡。

1961 年，周恩来总理安排屈武为于右任夫人高仲林庆贺 80 大寿

于右任赠霍松林题名照

在台湾距离大陆最近处是金门县之东雄峻的太武山，诗人站在山顶，眺望远处的大陆，思绪万千。思国怀乡之情使他心潮起伏，他虽然身在孤岛，但仍心系故乡，渴望回到祖国怀抱，“白头吟望中原路，待我归来饮一杯”。然而，历史的缘由，他终未回到大陆这块生养他的深情土地。他只能“夜夜梦中原，白首泪频滴”。

有梦

墨子无黔突，孔子无席暖。
古之抱道者，天地为安宅。
旅游六十年，行役复行役。
诗写朔漠沙，手磨天山石。
西北与东南，足迹何所适。
怅望太平洋，穷老思奋翮。
百世至今日，莫扫往者迹。
夜夜梦中原，白首泪频滴。

于右任先生不能重归故土，只能以诗作一解胸中之块垒。他对亲情的思念又是另一种凄苦。1958 年，给留在家乡的妻子高仲林诗曰：

两戒河山一支箫，凄风吹断咸阳桥。

白头夫妇白头泪，留待金婚第一宵。

一水阻隔，近耄耋之年，感情笃厚的夫妇不能相聚，这是世间何等凄楚情状。

这一时期，于右任创作的诗歌，慎思细读，会发现一个特别之处，那就是在许多诗中，用了同样的词句，如“神州”“中原”“大陆”“故乡”，这就是诗人永远挥之不去的情结。心中油然生发，笔下浓情自涌，遂成一首首震撼人心的凄美华章。

1962 年，也就是在他行将离世前两年，多年郁积于胸的思念祖国、思念大陆、思念家乡的情感，如江河决堤，一发不可遏抑。震动海峡两岸炎黄子孙、飘零异乡游子心声的《望大陆》诗作诞生了：

葬我于高山之上兮，望我故乡。

故乡不可见兮，永不能忘。

葬我于高山之上兮，望我大陆。

大陆不可见兮，只有痛哭！

天苍苍，野茫茫，山之上，国有殇！

这就是一代诗仙于右任羁留台湾十五个春秋最后的吟唱，亦是留存在中华诗史上永不消泯的绝响！

前面所述的几个阶段是于右任诗词创作的重点，另外还有相当一部分是抒写祖国一草一木、一山一水之写景咏物诗，此类诗作也是出神入化，其状景咏怀可直追唐诗风韵，如 1922 年，于右任由陕西入甘肃，南下徽县，复经陕西略阳、阳平关，直下嘉陵江，途经白水江所作之七律：

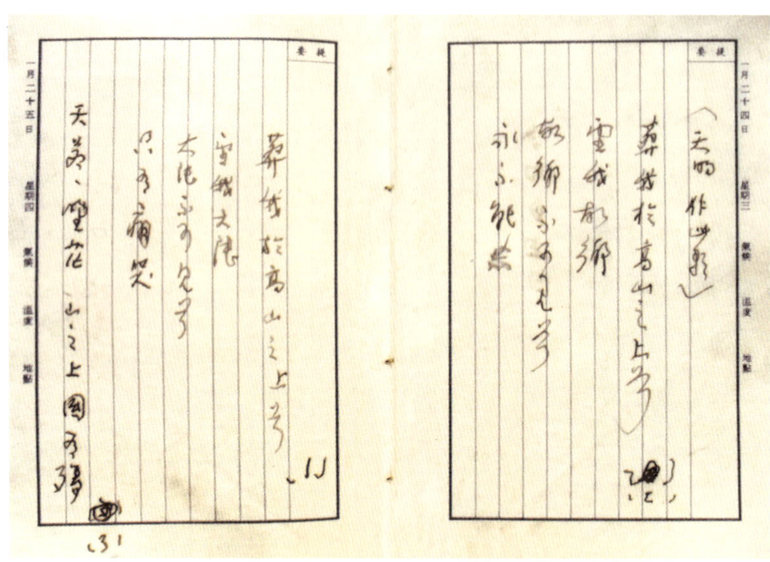

1962 年作《 望大陆 》

于右任与林语堂夫妇

白水江

白水江头未了僧，孤舟一夜入嘉陵。

云封蜀道无今古，鬼哭周原有废兴。

野渡招摇村市酒，荒城出没戍楼灯。

阳平关下多雷雨，净洗西南恐未能。

此诗意境、气韵比之于李白、王维等山水诗，也毫不逊色。于右任写草原诗，诗中画境尤为突出，如：

恰克图至库伦

夜静沙皆白，秋高草木黄，

女儿骑恶马，大野牧牛羊。

读之，如一幅草原夜画进入我们的视野，描绘出蒙古族姑娘策马驰骋在广袤的大草原上，以及草原牧人的生活画卷。状物抒怀，写景寄情，历来是很多诗人惯用的创作手法，于右任也不例外。1946 年游天山，看到天山的雄峻壮美，写道：

庙儿沟出游

游牧天山上，天山是我家。

东西数千里，孚遍雪莲花。

他是在写天山，也是在吟唱自己的家园，诗人在一吟一颂中，不忘自己是炎黄子孙，以及家园在心中的重要位置。看到美丽的景色，虽一花一草，诗人也寄予莫大的喜悦与怜爱：

春游阳明山

又是杜鹃花放时，名山如醉复如痴。

园林春满各争艳，寄语游人莫折枝。

诗人对祖国、家乡、人民的大爱，也是由这些对微不足道的花草之爱编织而成，处处体现在诗人吟哦的诗章中！同样写杜鹃花，诗人在《赴阳明山看杜鹃山花》诗中，不仅是在写花写景，而是把思虑和目光投向更高的诗境：

一

忠烈祠前再拜看，士林园里也参观。

春风丽日阳明道，万岁声中万族欢。

二

三年创造杜鹃城，百万名花献众生。

世界公园美丽岛，象征奋斗到和平。

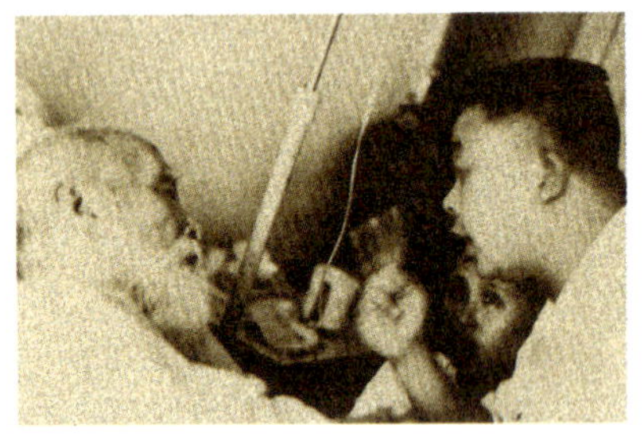

1964 年就医荣民总医院病笃前之留影

不难看出，诗人创作这首写景状物的作品，不单单是在赞美名花娇艳，更是在借景生情，美丽宝岛是中华民族的宝岛，何时能以和平的方式回到祖国怀抱，这是诗人梦寐之所求，也是诗人满腔的期望。

于右任作为诗人，他所创作的每一首诗词，皆发正义之声，扬正气之歌，这是他伟大人格与崇高品德的修为所致。他作为一代文化思想巨人，受到两岸同胞所共仰，这些史诗般的文化遗产，必将灌溉后世，垂范千秋。

台湾巴拉卡山墓园于右任墓

第七章 文物

华夏先民创造了无数辉煌的历史文化，由于自然灾害与战争等历史原因造成文化遗产的损毁与流失难以数计。幸存与新发现之文物的保护与抢救显得尤为重要。碑刻是古代文化遗产的主要形制之一，它是研究当时政治、经济、军事、文化等最真实的依据。当然对古代文字以及书法的研究价值自不必言。

于右任以一己之力，将个人所购藏之重要碑刻约四百余方，历经艰险，悉数捐献于社会，今西安碑林博物馆第三室陈列的《熹平石经》、第八室陈列的《鸳鸯七志》为先生当年倾尽心血所购之藏石。

鸳鸯七志

于右任受孙中山、黄兴等革命家影响，被北魏碑石书法“尚武”精神和雄强气势所感染，中年后在书法艺术方面极意北碑，对墓志书法可谓情有独钟，如见于1921年，他所作《寻碑》一诗：“曳杖寻碑去，城南日往还！水沉千福寺，云掩五台山；洗涤摩崖上，徘徊造像间。愁来且乘兴，得失两开颜。”再由1930年，所作《十九年一月十日 夜不寐，读诗集联》：“朝写《石门铭》，暮临二十品。竟夜集诗联，不知泪湿枕。”可见其用心、用力之深以及联想革命前景不如所愿之苦闷心情的一个侧面。

洛阳城北的邙山景色优美，土层深厚，自古被认为是风水宝地，乃至有“生居苏杭，死葬北邙”之说。邙山安葬的24位帝王，朝代跨度之广实属罕见，包括8座东周时期的王墓、5座东汉帝陵、1座曹魏帝陵、5座西晋帝陵、4座北魏帝陵、1座五代后唐帝陵等。其墓志之书丹多出于当时书法大家之手，具有极为重要的书法和文史研究价值。

民初国事衰微，社会动荡不安，盗掘古墓之风渐起，许多外国古董商闻风而至，经常有不少价值连城的墓志流失国外，故而这一地区也成了走私盗墓者掘取的重点。1918年，于右任归陕统领靖国军，对此痛心疾首，公务繁忙之余，与同样酷爱金石的副司令张钫相约在洛阳一带不惜代价，戮力访购墓志。双方达成默契：得北魏墓志归于右任，得唐代墓志归张钫。

经过前后20余年殚精竭虑，悉心购藏，于右任先后耗资十余万银元，购得历代墓志碑石达387方之多，其中，汉石经及黄长石6石、晋墓石4石、北魏墓志136石、东魏7石、北齐墓志8石、北周墓志5石、隋代墓志113石、唐墓志35石、后梁1石、宋代4石等大量古代碑石。

“鸳鸯七志斋”印

因为这批墓志中有七对夫妻碑刻，素喜风雅的于右任便以“鸳鸯七志斋”为其斋名，以示其苦学北魏书法之决心，故这批藏石便称“鸳鸯七志斋藏石”。这七对夫妇的墓志，分别为：穆亮及妻魏太妃墓志、元遥及妻梁氏墓志、元珽及妻穆玉容墓志、元谭及妻司马氏墓志、元诱及妻薛伯徽墓志、丘哲及妻鲜于仲儿墓志和元鉴及妻吐谷浑氏墓志。

墓主属于北魏元氏宗室贵族，蕴含着极其重要的历史文化价值。于右任曾在《说文周刊》所载《鸳鸯七志斋藏——藏石记目录》序中说：“往余积年藏石400方，而南北迁移，每有散佚。二十四年（1935年）春，始聚而赠至西安碑林，建阁支藏，以飨士林。抗战军兴，典守者穿窟贮藏，久欲录其目而考订之，未暇及。箧中所存之拓本，堆积杂厕，且阙失未备。今略事整理，编成此目。上至炎汉，下迄赵宋，凡不同之时代十有三。爰依次编年，以月系年，以日系月，分别先后而比列之，得二百八十五则。他时旁求遗榻，可期汇成钜帙，区区所藏，二十年佳趣寄焉。每览志文，于征伐官制诸端，可补前史疏漏，于氏族之可考南北播迁之原委，于文辞可增列代骈散之别录，于书法可知隶楷递变之途径。学者寻绎史材，且不止此。亦治文史者之助也。”

关于这批藏石的价值，于右任指出了墓志在研究历史、民族迁徙、文学及书法方面的重大作用。另外，南北朝时期是中国书法史上的重要阶段。长期的南北分裂，使书法艺术也形成了南北两大流派。简而言之，可用北碑南帖，北楷南行，北雄南秀来概括，而《鸳鸯七志斋藏石》所表现的，正是北朝碑版楷书雄强刚健、古朴浑厚的艺术特色，与南朝书法之秀丽典雅、清媚俊逸形成鲜明对照。

对于这些藏石的归宿，于右任颇费苦心，起初他有意将其运回故乡陕西，但因当时铁路尚未通至西安，便先运到北平，保存在西直门内菊儿胡同一座旧王府的后院内。1935 年秋，中日关系紧张，北平岌岌可危，为了妥善保管这批碑石，免遭战火，10 月 11 日，于右任从上海给当时的陕西省主席邵力子和西北绥靖公署杨虎城发了一份电报：

> 邵主席力子兄、杨主任虎城弟钧鉴：
>
> 我所藏鸳鸯七志斋石计唐以上二百余方，尚有汉石经周易一方，现决送归陕省公有，在西安集中藏处，拟以将来摹拓所得之款，补助三原民治小学经费。唯存放处所得一妥当地方，即由二公酌定。转运时盼由陕派人，此间即分别通知。
>
> 于右任
>
> 1935 年 10 月 11 日

电报明确表达了将鸳鸯七志斋藏石捐赠给陕西的意愿。这年冬天，杨虎城派马文彦赴北平，在宋哲元帮助下，用麻袋捆绑，包租车皮，派部队将这批墓志用火车经由郑州转陇海线顺利运抵西安。当时整修碑林尚未开始，便由陕西省教育厅予以接收，暂存文庙。不过，

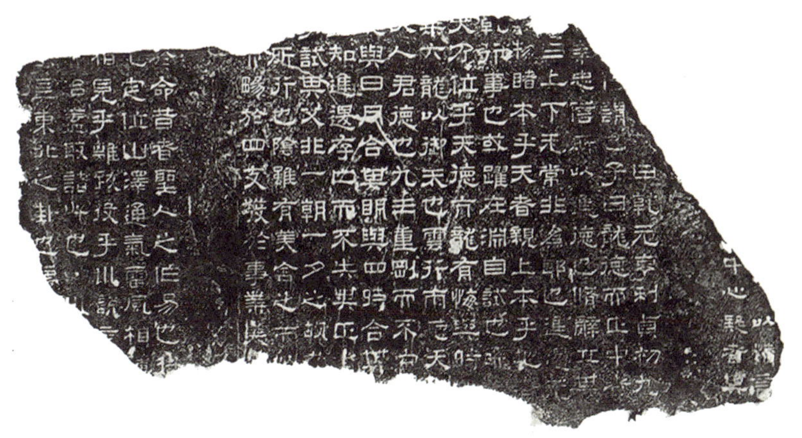

《熹平石经·周易》残石

这并非“鸳鸯七志斋藏石”的全部，还有一部分保存于南京，洛阳两地，它们于 1936 年 4 月陆续被运回西安。

此后，于右任在《说文月刊》《东方杂志》（半月刊）上发表了这批墓志的内容评价及史料、艺术价值的研究文章，同时还让当时最好的拓印工精心拓印若干精拓本，并钤盖自己的藏石印，分赠各地博物馆、图书馆和一些大学图书资料馆。

1938 年碑林整修竣工，从 3 月 27 日起，藏石由文庙后门运入碑林，数日后运完。后经多方商议，决定在西安碑林专辟一陈列室保存和展示这批藏石，于是便有了今天的西安碑林第八室。但是当这批藏石刚刚有了一个归宿，抗日战争爆发，而且局势日益严重，日军逼近潼关，并开始对西安频频空袭。1940 年 6 月“鸳鸯七志斋藏石”的大部分被挖坑深埋于碑林东院，以防不测。所幸日寇的铁蹄终究未能踏进潼关，藏石完好无损。这批藏石有了一个安身之处，于右任内心十分喜悦，1942 年他在《鸳鸯七志斋藏石目录序》一文中写道：“往余积年藏石四百余方，而南北迁徙，每有散佚。二十四年（1935 年）春，始聚而赠至西安碑林，建阁庋藏，以飨士林。”

西安碑林中唐以前的碑刻很少，墓志收藏也并不多，“鸳鸯七志斋藏石”入藏碑林，弥补了碑林藏石的缺憾，大大丰富了碑林的历史文化内涵。这是于右任对碑林的一大贡献，也是他对中国历史上书法文化的重大贡献。

熹平石经

于右任捐赠的藏石中，有一件值得特别关注，也是于右任捐赠的藏石中价值最大的一件。即他在给邵力子和杨虎城的电报中提到的《汉石经 ·周易》一方，今称“熹平石经”残石。《熹平石经》制作于东汉熹平四年至光和六年（175—183 年），由当时著名经学家蔡邕牵头，历经九年刊刻完成，刻成后立于河南洛阳近郊偃师县太学门前，当时共由 24 名经学家参与，内容为《周易》《尚书》《鲁诗》《仪礼》《春秋》《公羊传》和《论语》，是中国历史上刊刻最早的一部石经。《熹平石经》集汉隶之大成，被奉为书法的典范，为汉字字体由隶变楷的过渡起了桥梁的作用。

从三国时期起，《熹平石经》在历经了无数次的浩劫之后，几乎毁失殆尽。自宋代以来偶有残石出土，后又陆续在河南洛阳、陕西西安两地发现一些零碎残石，至民国时期在偃师太学旧址时有残石出土。

1933 年，于右任慨然以 4000 银元从一个洛阳古董商手中买来一块略似三角形的东汉石刻，经关中史学家张扶万确认为《熹平石经》残石，于右任所得的这块石经残石乃数十年来出土残石中字最多的一块，极为珍贵。石经分为两面，一面刻《周易 ·家人》迄《归妹》十八卦，存 286 字；另一面刻《文言》和《说卦》，存 205 字。1936 年运抵西安，暂存文庙。当时日寇已逼近潼关，并开始对西安空袭。受命保存《熹平石经》的省考古会委员长张扶万先是将其埋藏于碑林东院，1939 年 10 月又挖出，乘骡车冒险出城，历尽千辛万苦，将石经运

于右任捐给碑林博物馆的部分碑石

回家乡富平县董南堡村，吊挂在家中一口枯井内，并要求家人不准随便开启井盖，不准走漏消息。1943 年 10 月，张扶万病逝于家中，临终前一再嘱咐家人要悉心保护石经，一定要完璧送归于右任。抗战胜利后，张扶万之子张午中唯恐石经发生不测，写信给于右任一位好友张文生，希望其将残石尽快设法运走，后来这位故友将《熹平石经》残石运至陕西三原县民治学校，不久又转运到于右任之侄于期家中。1952 年，陕西文管会派人从三原运回残石，重新安置于碑林，自此结束这块国宝十几年的漂泊生涯。现陈列于西安碑林第三室。

于右任在书法上的贡献体现为：取帖之所长，去碑之所短，裒多益寡，融碑帖于一炉，创造出碑骨帖韵的碑体楷书、碑体行书和碑体草书的碑学风貌，并将儒释道之文化内涵融入于书法创作之中，寓壮美、秀美于一体，将清以来的碑学运动推向了前所未有的高度。使中国书法呈现出碑帖双峰并峙的景象。所以说，这种成功的实践不仅为碑学打开了通道，同时为陷入困境的帖学找到了生机，为中国书法发展建立了良性的生态机制。

书法成就

据于右任《我的青年时期》记：

到了十一岁，伯母带我到三原东关……入毛先生私塾肄业。……毛班香先生，是当时有名的塾师。我从游九年，除读经书，学诗文而外。对于他专心一志的精神，尤其佩服……值得记述的，是太夫子汉诗西苌。太夫子亦曾以授徒为业，及年老退休，尚常常为我师代课。他平时涉猎甚广，喜为诗，性情诙谐，循循善诱。自言一生有两个得意门生，一是翰林宋伯鲁，一是名医孙文秋。希望我们努力向上，将来超过他们。对我的期望尤殷，教导也特别注意。太夫子喜作草书，其所写是王羲之"十七鹅"。每一个鹅字，飞行坐卧偃仰正侧，个个不同，字中有画，画中有字，皆宛然形似，不知原本从何处而来，当时我也能学写一两个。

由此可见，在毛先生私塾从游九年的时间期里，于右任在书法上受到的影响主要来自太夫子西苌，而太夫子最擅长的是王羲之书法，所以在于右任的启蒙时期，书法最早是受帖学影响的。但从 1898 年冬三原"宏道大学堂策论试卷"看，他的书法风格主要以碑学为特征。该试卷线的行走变化不大，使转皆以方折为之，结字中宫紧收，体势开张，多呈左低右高状，且左敛而右放，颇显雄强跌宕之气，与北碑《张猛龙碑》十分近似。

从启蒙时期于右任在毛班香私塾接受王羲之帖学书风开始，一直到 1920 年前后，大致于右任 40 岁之前，从史料考释和书法遗存风格观，其师法范围兼学碑帖，这时期帖学如王羲之《圣教序》，王献之《洛神赋》等，碑学如《张猛龙碑》《嵩高灵庙碑》《元倪墓志》等。他书法作品的创作还相对独立或单一，师帖则帖，师碑则碑，并未将碑帖合二而一，融为一体，也很难认定他更侧重或倾向于哪种类型的书风。所以，在这之前他是碑帖并重，皆为所学的时期。在 20 世纪 20 年代之前，我们看到于右任的书法创作从书体上楷行草皆有，楷书多取法六朝诸体，行草多得自晋唐法帖，在以阳刚取胜的碑体书风和以阴柔见长的帖学两个方面都奠定了良好的基础。这种不偏颇的开端，为他日后书法的进一步发展，做好了双重准备。

于右任任靖国军总司令及主政陕西期间，闲暇即四处搜碑、寻碑，苦研北朝墓志。他于 1920 年见到清乾隆时佚失的前秦苻坚时代名碑《广武将军□产碑》十分激动，并将此碑与《慕容恩碑》《姚伯多兄弟造像记》并称“关中三绝碑”。在《广武将军碑复出土歌赠李君春堂》中曰：“慕容文垂庾开府，道家像赞姚伯多，增以广武尤气绝，夫蒙族人堪研磨……”后又作《纪广武将军碑》诗一首。同年作《访碑》诗：“曳杖寻碑去，城南日往返。水沉千福寺，云掩五台山，洗涤摩崖上，徘徊造像间。愁来且乘兴，得失两开颜。”1924 年，又从洛阳一古董商人手中以重金购得正被日籍商贩觊觎已久的一百多方碑石，这批碑石从两汉、魏晋南北朝到隋、唐、宋各代皆有，这就是著名的“鸳鸯七志斋”藏石。以上寻碑、搜碑、购碑等种种行迹，不仅反映他保护文物、珍重历史文化遗产的赤子情怀，同时，他所获得如此之多第一手史料，并通过心追手摹，对历代各种碑石尤其是北魏石刻书法从技法、风格的日益探索更是时人所难以企及的。北魏书风具有正大雄宏、朴茂厚重的阳刚之气，孙中山先生评价北魏书法具有“尚武”精神，这种“尚武”的书风正与于右任满怀“报国志”的思想相契合，这也是他这十多年时间浸淫于碑学研究的一个重要因素。

从 1921 年始，于右任先后研习了《嵩高灵庙碑》《元鉴墓志》《穆亮墓志》《李蕤墓志》《元囧墓志》《爨宝子碑》《石门铭》《龙门二十品》等北碑刻石，创作了大量碑体风格的楷书作品。

1930 年 1 月的楷书作品《李空同诗二首》和 3 月所书《秋先烈纪念碑记》，前者录明代学者李梦阳诗，是赠友人之作，此作当为于右任心气和平状态下所为，故不激不励，平实儒雅。而《秋先烈纪念碑记》则不同。其一，此为楷书体的碑记，比较规整。其二，秋瑾为近代民主志士，巾帼英豪，民主革命先烈，作为同道的于右任书此碑记，自然满怀对死难者的哀痛与对反动派的憎恨与仇视。所以此碑记与 1924 年 4 月所书《赠大将军邹君墓表》基本是在同一种情感状态下进行的，两作书写时隔六年，但书法艺术上的造诣与所取得的成就不可同日而语。

1930 年是于右任楷书艺术取得成就具有里程碑意义的一年。我曾在拙文《中国书法史上第二座高峰》中引用康有为赞碑之十美对于右任此时期碑体楷书作品进行过评述：

> 一曰魄力雄强，二曰气象浑穆，三曰笔法跳越，
>
> 四曰点画峻厚，五曰意态奇逸，六曰精神飞动，
>
> 七曰兴趣酣足，八曰骨法洞达，九曰结构天成，
>
> 十曰血肉丰美。

康有为对碑（主要指魏碑）的这十点评价并非针对某一种或某一类作品的评价，他是对各个时期（主要南北朝时期）和各种形制（题记，墓志，墓表，摩崖等）不同碑学书体的综合评述。其十美非一碑一石之所独具。我们知道北碑中各种书体均有其各自的优点，

《李空同诗二首》1930 年

《秋先烈纪念碑记》1930 年

但也有各自的不足之处，但观《秋先烈纪念碑记》，无论笔法所蕴含的丰富性还是结字特征、意态旨趣、精神气骨，与康氏赞碑之十美无不相契合。所以，以此碑所达到的书法艺术高度，用康氏所言碑之十美来做评价再贴切不过了。钟明善先生评此碑记曾言："1930 年，先生 52 岁所书。石立浙江绍兴秋瑾就义处，是先生在楷书中运用篆书，隶书，行书，草书笔法写得最具个性的代表，是先生在楷书上写出自己面目的经典作品，是先生研习魏晋南北朝楷书而新创的里程碑。"（《于右任书法艺术管规》）

于右任取南北朝时期不同风格的碑学为我所用，进行大胆扬弃，并将汉碑、魏晋二王以及唐宋元诸家的隶、楷、行、草等笔法、结字、体势等多种元素裁为一体，形成独特风貌的碑体楷书。可以说，《秋先烈纪念碑记》的诞生，标志着清以来何绍基、赵之谦等人对庶民化的北碑进行文人化改造的又一次质的飞跃。他是这一实践最为卓越的书家，实现了清以来几代碑学理论与实践家希冀而终未实现的夙望。他将雄强刚狠有余，秀润儒雅不足的北碑书风改造为刚柔互济，集壮美与秀美为一体的新面貌。这就是他以碑为骨，帖为韵的碑学创作理念，也是他超越前贤的关纽所在。这种碑帖兼容的书风将清以来的碑学运动推向了一个崭新的历史高度。竖起了一座碑学的高大旗帜，在中国碑学史以及书法史上都具有里程碑的意义。

“碑体行书”，简单来讲，即是将碑体楷书进行行书化的书写方式。行书比之楷书，一是书写速度增强，二是因为增强了速度，故而其笔法、结体、运笔章法等都会发生相应的变化，这样书家书写的自由度更大，受楷书规整性的束缚也较小，因此，更能表达其性情，张扬其个性。

其实，碑体行书早在南北朝时期已经有之，如《石门铭》中许多字已有行书意味，《瘗鹤铭》就更为明显了。清代碑学大兴之后，郑板桥、何绍基、赵之谦、康有为等人在不同角度和不同程度地对碑体楷书进行了行书化的改造，但他们基本都囿于碑学本体内的硬性转化。其中郑板桥基于篆、隶、楷的碑体行书化，人称“六分半书”；何绍基亦是基于篆隶楷之间，尤对颜体楷书汲取养分更多。唯有赵之谦是将碑体楷书进行行书化的真正代表人物，因为他是在《龙门二十品》等北魏时期最能代表碑学主题的书风上进行深研而卓有成就的“大家”。但因取法对象的单一，造成先天营养的不足，纵使有盖世之才，也无法使碑学生来庶民化的书风发生质的飞跃。所以严格说，赵之谦的行书应该称为“魏体行书”。康有为所著的《广艺舟双楫》则为前代碑学理论研究做了最后总结，不仅从理论上为碑学在中国书法发展史上确立了真正地位，而且为当时处于瓶颈期的碑学发展提出了最具建设性的指导。诞于晚清的于右任正是继康有为这一理论之后，将碑学推向高峰，提出碑学最终必将走向碑帖融合的道路。康有为曾曰：“千年以来，未有集北魏南帖之大成者，鄙人不敏，谬欲兼之……”最为遗憾的是康有为知而未行，或如他所言“鄙人不敏”，在书法的实践上仅局限于北魏范围内，而且取法又过于单一。他最推崇《龙门二十品》，却不见其踪影，从他的书法看，概不越《石门》与《瘗鹤》二铭之间。当然北宋陈搏书法对他的启发与影响也是很深的。

我们为什么把于右任的楷书、行书、草书统称为“碑体楷书”“碑体行书”“碑体草书”，而不称之为“魏体楷书”“魏体行书”“魏体草书”呢？其主要原因就是于右任的这三种书体，不仅得自于六朝碑版、墓志等书体，还取法了两汉及唐代的碑刻，甚至涉猎周籀、大篆等三代书体。为什么又说他是北碑南帖之集大成者、树立了碑学高峰呢？那就是因为他取法研究的对象不仅游离于碑学本体内的各种法帖，同时将帖学中魏晋、唐、宋、元代楷、行、草的精华融入于碑学创作之中。特别是二王、孙过庭等大家的帖学之“韵”在碑体中的注入，是他对碑学的最大贡献，也是他成功的最得益处。

魏碑是中国书法在历史发展过程中呈现出的一种独特的书体样式，有人认为它是由隶变楷转折时期必然出现的书体现象。笔者则认为魏碑书体的出现其另一重要原因是与当时的民族文化性格有重要关系，其实质是北方以鲜卑为主的少数民族入主中原后，尤其北魏皇帝重用汉族士族的知识阶层，在这一特定历史环境下产生的一种在中国书法史上有着明显艺术特征的书体现象。它上承两汉隶书，下启隋唐楷书。由于当时社会多民族大融合，以及外来佛教文化与本土儒家文化、道家文化和佛家文化的融合，使这一时期书法面貌呈现出极为多样化特征的书法艺术现象。而且表现为地域特征的多样性，如南方和北方不同，出现以龙门、云峰为代表的北碑与南碑书体；东部与西部的不同，如洛阳书风和长安书风。由于文化因素不同，所表现的形式与性质也不尽相同，如陕西药王山道教造像和山东云峰山佛教摩崖。所以这些造像题记、墓表、墓志、摩崖、功德记事等都有其各自不同书风与不同形制。其总体表现为正大、质朴、刚健、雄宏、宽博等以阳刚为主要特征的艺术审美趋向。以楷书为代表的主要是《始平公造像》《杨大眼造像》《魏灵藏造像》《郑文公》《张玄墓志》《爨龙颜》《爨宝子》等和以行楷为代表的《瘗鹤铭》《石门铭》《姚伯多造像》以及泰山云峰诸刻石。这些碑石有正楷，也有行楷，而几乎不见真正意义上的行书。于右任师法碑学首先是在北碑楷书上获得融众法于一炉的碑体楷书的成功，再则是研习碑体楷书的同时将其进行了行书化的改造。上海友声艺术社出版的《右任墨缘》中收录了1930年前后创作的大量行书作品，即是前文所述于右任将碑体楷书进行行书化的“碑体行书”艺术。这也正是于右任在清末以来碑学诸贤艺术基点上获得的重大突破。

从早年的“报国志”，中年“平天下”的奋斗史，到晚年“存博爱心肠”的襟怀，对照其青壮年“尚武”精神的楷书，中年高迈超逸的行书，和晚年圆融虚涵的草书，其外在形式与内在精神正相契合。钟嵘曰：“诗者，志之所之也，在心为志，发言为诗。情动于中而言于外。”诗如此，书亦如此。艺术是艺术家精神、思想、心灵的外化。艺术的高下最终必然取决于艺术家学养，胸怀、阅历、境界、思想等诸多方面的深度、广度、高度。

艺术的境界，首先是思想的境界。没有思想的高度，也就无从谈及艺术的高度。就草书言，这种圆通型结字特征在草书发展史上是十分鲜见的，甚至是开创性的，为草书艺术增添了一种新的样式和新的境界。所以说，他开辟了一种新的创作途径，从思维上开启了一种新的创作理念。正如霍松林教授评价于右任书法所言“千秋书史开新派”。

他是将魏晋以来兴起以秀美为主要特征的帖学与明末清初以来兴起以壮美为主要特征的碑学进行整合而最为卓越的书家，并与中国传统文化核心之儒道释思想紧密相扣，从而由技进道，使他所创立的这一碑学书风深深地打上了中国哲学思想的烙印，在不同年龄，不同境遇，不同文化思想影响下表现了不同的书写面貌和书写境界。对儒道佛思想在其人生经历过程中的自我不断汲取和现实时代的客观影响，使于右任书法表现上逐渐发生了相应的风格转化与精神追求。

一个伟大的艺术家，一定是卓越的思想家，这种思想就是艺术家独特的艺术思想，它是从艺术家所处的时代、社会等文化背景的范式中诞生出来的。诞于清末的于右任将目光锁定在康有为所提出“千年以来，未有集北碑南帖之成者”这一历史遗留问题之上，并在清代碑学研究与实践的基础上，对这一历史文化课题进行了毕生的探索和研究。他敢于肩负使命，寻找路径以解决问题。面对这一问题，他对书法领域里最为重要的、最能代表书法完整性的三大书体，即楷书（篆、隶其本质也属楷书类型）、行书、草书，分阶段地从广度、深度、高度上做了比较完整的解答，这就是他所创立的碑体楷书、碑体行书、碑体草书艺术。这三种书风的创立，不仅与他逐步形成的书法史观有关，同时与他早年满怀“报国志”的儒家思想，中年理想受挫而无奈“退居”的道家思想和晚年羁留台岛而“回归”的佛家思想也有着千丝万缕的关系。于右任对碑学或大书法的贡献，不单单是将历代碑与帖从技法上进行形而下简单融合的问题，更重要的是他以中国哲学的审美视角，在时代、社会、文化的大背景下将碑学与帖学中所蕴含的阳刚与阴柔之美的审美思想和二者的气骨与风韵进行了形而上的有机融合。

于右任在晚清碑学的觉醒中，将清人最后所理想的碑与帖必须走融合之路的这一愿望变为现实。这种融合的成功不仅挽救了“极意北碑”而导致过于偏颇的碑学，而且为其打开了广阔的生机，同时也使元明以来盛行“台阁”“官阁”而渐趋式微的帖学得以重生。这种融合所出现的“碑体楷书”“碑体行书”“碑体草书”，不仅可以与高峰期“魏晋书风”相颉颃，同时也为中国大书法文化走向互生互长的平衡做出很好的范式。

帖学以阴柔为其主要审美特征的秀美之风取胜，二王树起了这一领域的高峰，继之的隋唐宋元诸家始终未能脱出这一藩篱，更无出其右者。碑学则以阳刚为其主要审美特征的壮美之风称雄。时至近代的于右任以广阔的视野，打通了二者之间的限阈，熔帖铸碑，裒多益寡，将明末清初深陷僵局的碑学推向了高峰。

一阴一阳谓之道，中国古代哲学的阴阳之道，揭示了宇宙间普遍存在的基本规律。阴阳一分为二，合二而一，二者既对立又统一，但必须始终保持平衡性。只有阴阳平衡，方可互生互长。中国书法中以阴柔为其审美特征的帖学和以阳刚为其审美特征的碑学，就是这种阴阳之道的辩证关系。元明之后中国书法为何渐趋式微，清末的碑学为何大兴而终未走向巅峰，就是二者依存关系的失衡甚至趋于极端化，而陷入困境。

于右任碑骨帖韵的书法实践，不仅成就了碑学，同时也发扬了帖学。他是北碑南帖集大成者，是史无前例的，是划时代的。

标准草书

从1932年夏于右任与同道数人在南京成立草书社始，直至1964年终老，三十多年的岁月中，他对书法艺术的投入主要致力于标准草书的整理推广与个人草书艺术的创作研究两个方面。二者是相得益彰的。其学术成果与艺术造诣都取得了巨大成就，也因此被后世誉为一代草圣。他三十余年的草书行履大致也表现在这两个方面。

第一，标准草书的整理研究与文化贡献。

为了对历代相对纷乱而无序的草书作一标准化的整理与研究，于右任与同道在1932年成立了草书社（1934年更名为标准草书社），据刘延涛《民国于右任先生年谱》记："自清末到民国年间，国人多有感于中国文字繁复，书写艰难，而有改良之议；有主张用章草者，有主张用简字者，有主张用国语罗马字者，甚至用注音字母者。先生有感于中国文字有实用价值，有美术价值，而又有团结民族之伟大功能，而为世界文字中之最优者。但书写缓慢，浪费时间，亦确为事实。惟此弊在千年前古人学人亦注意及之，因而创制草体。草书且又为我国各体字中之最美丽者，古人创之，而后人置之，实为一大憾事！先生乃成立草书社，以求研其所以废置之故，乃发现后世草书作者，但注意美丽价值，而忘记其制作目的，草书乃远离于实用。先生乃更成立标准草书社，欲将草书标准化，而恢复其文字功能！"由此段记述可知于右任创制草书标准化的主旨即是提高汉民族繁难文字的书写速度，以节时省力，为民族快速发展提供更为方便的文字书写方法与样式。在《标准草书千字文》的通行前，他们曾做过两次浩繁而艰苦的整理工作。刘延涛记述：

初期主张用章草，因为一是章草“字字区别”的，也就是章草是字与字的中间分割明白，不像后来草书连上连下，纠缠不清；二是章草主张“万字皆同”，也就是章草每一个字，有一个固定写法；三是章草“笔断意连”，也就是说笔与笔之间，不必实连，致使游丝满纸。社中同仁此时都到处收集章草资料，凡古之能章草者，与丛帖之中有章法者，估帖亦皆到处收集，最奇特者有如曹子建手稿、钟繇道德经墨迹，虽不能遽定真伪，然要非时人所作。而适于此时得一太和馆本急就章。据先生跋云：“余为提倡标准草书，多收古人名迹，以为参研。二十三年在沪登报征求草书，有持太和馆本急就章与其他帖求售者，余一览惊喜，遂留之。数百年来，海内仅见玉烟堂本与松江本；而皆不及此之美备也。”在编辑标准草书初期，先生预备订正一部完善的急就章，所以曾把急就章彻底的考证一过。但是不久就发现急就章仍有许多缺点：一、许多字的草法太落后了，有些字简直不是草书。二、许多句子太艰涩，许多字也都成了“死”字，不适用了。三、草法也并不一致，并不是真的“一字万同”。于是乃改变计划，预备一部完善的“二王法帖”。在这一期间，草书社同仁的工作，在先生督导之下，专从事二王草书的收集、考订、释文。就是先把散见于各种丛帖和零章断缣的草书收集起来，每一帖作一比较。如某一帖，大观帖刻得好，则用大观帖；淳化阁帖刻得好，则用淳化阁；或者澄清堂刻得好，则用澄清堂；甚至一字亦然，总要用最好的本子。再其次就是释文了。先将各家的释文校其异同，择其最合者；无释文者，斟酌意理，为之释文。这一工作，看似简单，实甚繁难，一帖一字，有历时甚久不能解决的，这一工作完成之后，又失望了。因为二王草书虽美，但在草书的组织上，有些字当时以及后来的作者，都还有更进步的写法。先生提倡标准草书重心实为实用，其次才是美艺。若局限于二王，则结果将成为重美艺而忽略了实用。于是不得不把这一部已经即将成书的二王法帖放弃了！草书社的第三阶段工作，才是后来的“标准草书”！

标准草书确定前的两次编纂，最终因不满意而不得不放弃即将成书的艰辛工作。在确立以《草圣千文》为母本的编辑后，又经过社中同仁的共同努力，《标准草书千字文》终于于 1936 年 7 月由上海汉文正楷印书局正式印行于世。正如于右任在自序中言：“文字为人类表现思想，发展生活之工具，其机构之巧拙，使用之难易，关系于国家民族之前途者至大。世界各国，印刷用楷，书写用草，已成通例，盖前者整齐正确，而后者迅速适用也。吾国草书之兴，远在汉初，先哲立旨，为其‘爱日省力’也。今者世界之大，人事之繁，国家建设之艰巨，生存竞争之剧烈，时之足珍，千百倍于往昔，广草书于天下，以利制作而新国运，此其时矣！此其时矣！”草书社对标准草书的取法大致以历代的章草，今草和狂草三系作为字源基础。吸取章草“利用符号”“字字独立”“一字万同”的优点，今草“重形联，去波磔”和狂草“重词联，师自然，以放纵鸣高，以自由博变为能”的优点。“革其弊而兴其利，广其用以永其传，正有待也。自草书社成立，赖诸同事之助，先成草圣千文，并著释例，详加说明，名曰标准草书。”为何以草圣千文作为标准草书的母本？于右任讲：“隋唐以来，学草者率从千文习起，因之书家多有草书千文传世，故草书社选标准之字，不能不求之于历来草圣，更不能不先之于草圣千文，一因名作聚会，人献其长，选者利益，增多比较；二因习用之字，大半已具，章法既立，触类易通。斯旨定后，乃立原则：曰易识、曰易写、曰准确、曰美丽。依此四则，以为取舍。”对字体的选择无论章草、今草、狂草，对人物的选择无论名家还是普通作者，对遗存实物的选择无论纸帛，砖石还是竹木简牍，只要符合此四则者皆为所用。当标准草书以草圣千文为母体确立后，于右任与社中同仁先后又经过九次修订，由此可见，从创立标准草书开始，一直到晚年，于右任从未间断对标准草书这一中华文字工程的完善与研究。从九次修订工程，可以看出他对标准草书的重视程度与极为严格不苟的态度。于右任创立标准草书的初衷，由刘延涛先生的记述中可以看出，其根本目的和着重点并不是为草书的艺术表现与创作的个性化限定标准，而是为了中华的文明与进步，使大众

《百字令·题标准草书》1960 年

书写汉字的速度加快，达到“节时省力”的效果，确立“易写、易识、准确、美丽”为书写草体字的四个基本原则。所以，这是一次文字改革意义的行动。

第二，于右任草书艺术与标准草书的关系以及二者区别。

我们应当明确认识于右任个人草书艺术创作与标准草书二者之间的区别与联系。当代有许多人，甚至一些所谓专业的书家也将二者混为一谈，将于右任草书与标准草书等同起来，甚至错误地认为标准草书是对草书艺术的桎梏。

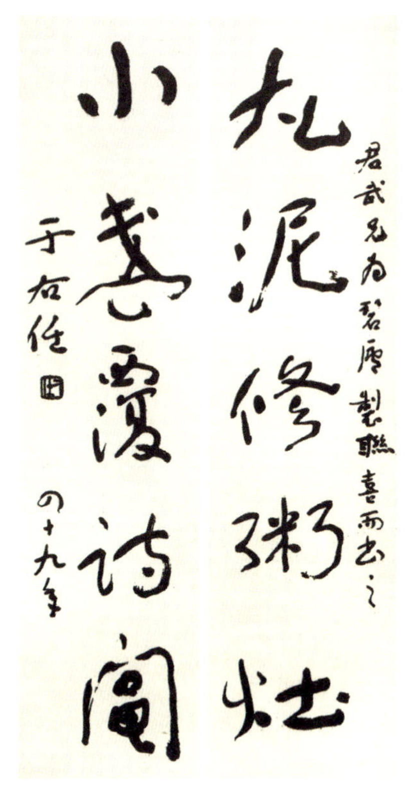

《丸泥小盏》联　1960 年

首先从标准草书的四个原则分析，于右任订立“易识、易写”为标准草书首要的两个原则，第三点“准确”，即作为文字的书写要有规范，有统一标准。早在秦统一六国后便昭告天下“车同轨，书同文”等的法令，规定以小篆作为通行的文字，经过文字的演变与发展，隶书、楷书都有其统一的书写规则，行书基本是在楷书的结构状态下的连带性书写，而草书从它诞生的那一天起就有自己相对独立的书写形式与自我符号。但许多草字的草法结体在历代各个时期不尽相同，故比较混乱。从人文化的视角，从民族进步与落后的厉害关系上，于右任看到了中国文字书写繁难，耗时费力的缺陷而倡导国人书写速度大大提高的草体字，在总结历代优秀草体字的基础上，与同仁创立相对规范标准化的草体字，即标准草书。最后是美丽，即草字形式美的问题，文字是一种造型艺术，故它就有优劣、美丑之别，美的形式带给观者美的享受，在潜意识中起到教化的作用。这种对美的追求，自然使人们产生对美的向往。反之，则不然。所以于右任将此也作为一个要求的标准。此四点即是标准草书的要义与基本原则。所以，根据标准草书的这四个原则，主要目的是强调实用性。是以大众普遍能够接受为基本点，重点并非在草书的艺术表现性上，虽然最后一则强调“美丽”，但仍然是适应于大众的基本审美要求。所以使用了极为通俗的“美丽”二字。

由此可见，标准草书是站在大众的立场上，以社会的实用性为根本出发点，是为大众，为社会服务的，所以，我们说标准草书的创立是站在中华民族大文化意义上的一次文字改革行动。我们不能把它设定为草书艺术所表现的审美要求和审美标准。“易识、易写、准确、美丽”是标准草书的四个原则，而非“标准草书艺术”的四个原则。我们知道隶书、楷书等字体也是有极为严格的书写原则或统一的结字标准,多一点，少一点都会成为另一字，这一点，无须多言，早已约定俗成，但楷书并不因为有标准而束缚了楷书艺术的表现，同样结字形态标准统一的楷书，欧体有欧体的艺术特征，颜体有颜体的艺术特征，褚体有褚体的艺术特征，赵体有赵体的艺术特征等，隶书《曹全》《西峡》《乙瑛》《石门颂》等并没有因为统一标准的书写规范而影响了楷书或隶书艺术美的表现与创作。反而在这一规范下，更凸显了高超的艺术表现力。没有规矩不成方圆，草书艺术的表现也是要有规则的，它也有法度、有准则，章草有章草的法度，今草有今草的法度，狂草有狂草的法度。标准草书正是取章今狂三体之优点做出适应当时时代的文字选择。“随心所欲不越矩”，艺术需要艺术家个性表现的充分展示与尽情发挥，古人云“无法而有法乃为至法”，可见，不管何等高超的艺术表现还是有法则的。决非某些言论所说标准草书是对草书艺术表现的束缚与桎梏，更不是信马由缰，毫无顾忌地任意而为。

我们决不能把于右任的草书与标准草书等同起来，二者是有密切关系，但不可同等。首先于右任草书脱胎于标准草书，他的草法、结字均源于标准草书，是以“易识、易写、准确、美丽”四个原则的基本要求为基础的，但其艺术表现力是以其个人的思想进行创作的。他先后经过九次书写修订而刊印的《标准草圣千字文》，书写的目的虽然是尽量适应为使大众能够普遍接受的基础范本，但仍难掩饰其个人的草书艺术特色。于右任毕竟是大师，从点线的韵律，结字的巧拙，章法的虚实都表现草书艺术的变化之美。更何况他中晚年创作的其他大量中堂对联、轴屏、手札、墓志等的草书作品呢！三十多年来，于右任在创建标准草书的同时，对历代草书进行较为全面而系统的整理与研究，自然将历代草书精华吸纳与融入自己的草书艺术之中，尤其对章今狂三草的整理与研究，给他带来极为丰富的艺术营养，这种纵览全局的书学阅历是常人很难拥有的。所以，我们说于右任的草书是标准草书，但又非标准草书，因为他是以标准草书所确立的基本原则书写的，但并未因这些原则的规定而限制他草书艺术创作的表现力。尤其晚年虚空寂静的草书艺术境界，更是达到一般草书难以企及的艺术高度。

参考书目

◎ 中国人民政治协商会议陕西省文史资料委员会、咸阳市文史资料委员会、三原县文史资料委员会编《于右任先生》,陕西人民出版社,1991 年。

◎ 于右任:《先伯母房太夫人行述》,陕西省三原县文史资料委员会编《三原文史资料·第四辑》,1987 年。

◎ 于右任:《怀恩记》,现藏三原于右任纪念馆,1962 年印。

◎ 于右任:《于右任诗词集》,湖南人民出版社,1984 年。

◎ 于右任:《先君子新三公墓表》,于右任先生纪念委员会编《于右任先生文集》,台湾:国史馆,1978 年。

◎ 冯友兰:《中国哲学简史》,北京大学出版社,2012 年。

◎ 钟明善:《中国书法史》,陕西人民美术出版社,2017 年。

◎ 钟明善:《于右任书法艺术管窥》,西安交通大学出版社,2007 年。

◎ 钱穆:《钱宾四先生全集》,台湾:联经出版事业股份有限公司,1998 年。

◎ 钟明善:《于右任书法艺术研究》,陕西人民出版社,2016 年。

◎ 上海书画出版社编《历代书法论文选》,上海书画出版社,2014 年。

◎ 张载撰,朱熹注《张子全书》,商务印书馆,1935 年。

◎ 钟明善:《于右任书法全集》,文物出版社,2014 年。

◎ 刘延涛:《民国于右任先生年谱》,台湾:商务印书馆,2014 年。

◎ 许有成:《于右任传》,湖南人民出版社,1988年。
◎ 林铨居:《草书·美髯·于右任》,台湾:雄狮图书股份有限公司,1998年。
◎ 于右任:《牧羊儿的自述》,自印本,1958年。
◎ 全国政协文史资料研究委员会等编《于右任文选》,中国文史出版社,1987年。
◎ 陕西省教育厅编审室编《清刘光蕡事略》,《陕西乡贤事略》,民国二十四年(1935年)铅印本。
◎ 于右任:《我的青年时期》,陕西省文史资料委员会编《陕西文史资料》第16辑,陕西人民出版社,1984年。
◎ 陕西省三原县编辑组编《于右任纪念集》,1984年。
◎ 惜秋:《于右任——革命报人、革命诗人与监察制度的西北大老》,《民初风云人物》下卷,台湾:三民出版社,1977年。
◎ 朱凯:《于右任传·无悔担当》,陕西人民出版社,2016年。
◎ 王云五主编,刘延涛:《民国于右任先生年谱》,台湾:商务印书馆,1981年。
◎ 赵英秀:《于右任与复旦大学》,《文史天地》2009年第7期。
◎ 辛一凡:《于右任与陕西地方教育研究》,《科学与财富》,2015年第28期。
◎ 杨航、陈遇春:《于右任农业教育思想的渊源和形成过程研究》,《山西农业大学学报(社会科学版),2015年第11期。
◎ 邓相超:《于右任的报人生涯》,《新闻界》2007年第2期。
◎ 傅德华:《陕西靖国军与于右任》,《军事历史研究》,1988年。